W0303708

Mein erster Hund

Das ultimative Hundebuch. Mit den neusten Tipps und Tricks zur Eingewöhnung, Pflege und Erziehung.

Michael Terhardt

D.K.Publishing

1. Auflage

2020

© Alle Rechte vorbehalten

Inhaltsverzeichnis

Über den Autor

Michael Terhardt ist am 21. Juni 1987 in Kassel geboren. Er ist in Emmerich am Niederrhein bei seiner Großmutter, welche drei Hunde besaß, aufgewachsen. Michael Terhardt liebte die Hunde und beschäftigte sich schon in seiner Kindheit sehr intensiv mit den Tieren. Die Erziehung, Entwicklung, Hundeernährung sowie die Gesundheit lagen dabei in seinem Fokus.

Nachdem Michael Terhardt die Schule und später seine Ausbildung als Elektriker absolviert hatte, zog es ihn nach Düsseldorf. Er widmete sich, trotz seines Vollzeitjobs, weiterhin dem Fach der Tiermedizin, der Hundeerziehung und der Ernährung der Hunde. Seine Erfahrungen und sein Wissen schätzen nicht nur Hundebesitzer. Inzwischen ist er auch als Hundeexperte und -trainer sehr beliebt und genießt internationale Anerkennung als Profi.

In seinen Büchern vermittelt er seinem Leser in einfachem und verständlichem Stil, worauf es bei den Hunden und deren Zusammenleben mit dem Menschen ankommt. Es wird ersichtlich, dass nicht nur die Hunde, sondern auch die Seele der Tiere und Besitzer von den

Methoden Herrn Terhardts profitieren. Eine sehr lesenswerte Literatur für die, die genau wissen, was sie sich für ihren Vierbeiner wünschen.

Dieses Buch eignet sich nicht nur für Hundeliebhaber, sondern auch für Menschen, die mit Hunden zusammenarbeiten.

Welcher Hund ist der richtige?

Wenn du dieses Buch in der Hand hältst, hast du dich offensichtlich bereits dafür entschieden, dir einen Hund anschaffen zu wollen. Doch Hund ist nicht gleich Hund. Die unterschiedlichen Rassen haben komplett verschiedene Charaktere und teilweise unterschiedliche Bedürfnisse. Deshalb ist dieser erste Schritt besonders wichtig: den richtigen Hund auswählen.

Eigener Lebensstil

Der erste und wichtigste Schritt ist es, sich über den eigenen Lebensstil bewusst zu werden. Die Lebensgewohnheiten des neuen Hundes sollten mit denen des Menschen einigermaßen übereinstimmen. Als Erstes stellt sich die Frage nach dem Job. Arbeitest du von zu Hause aus oder fährst du jeden Tag ins Büro oder in einen Laden? Kannst du deinen Hund mit zur Arbeit nehmen? Wenn du 9 Stunden am Tag nicht zu Hause bist, gibt es jemanden, der sich um den Hund kümmern kann? Es gibt einige Hunde, für die es kein Problem ist, mehrere Stunden am Tag allein zu bleiben. Allerdings sollten es nie mehr als 5 Stunden sein.

Nach der Arbeit braucht der Hund Aufmerksamkeit. Deshalb stellt sich hier die Frage, welche Aktivitäten werden von dir nach der Arbeit wahrgenommen, wie viel Zeit nehmen diese in Anspruch und kann der Hund dabei sein?

Natürlich ist es dann wichtig zu beachten, wo der neue Hund wohnen wird. Lebst du in einer kleinen Wohnung, in einem Haus oder hast du einen Garten? Wie viel Platz steht dem Hund zur Verfügung? Gibt es direkte Nachbarn, die sich von lautem Gebell schnell gestört fühlen können?

Muss der Hund oft Treppensteigen? Für einige Hunderassen ist dies schädlich, da sie sehr anfällig für Gelenkkrankheiten sind.

Selbstverständlich stellt sich auch die Frage, wie viel Zeit für den Hund täglich zur Verfügung steht. Allein für den Auslauf müssen 1,5 bis 3 Stunden am Tag eingerechnet werden. Die tägliche Pflege und Fütterung nehmen zusätzliche Zeit in Anspruch. Neben dem Auslauf darf die geistige Auslastung nicht unterschätzt werden. Dafür muss jeden Tag etwas Zeit für das Hundetraining eingeplant werden. Je nach Charakter und Rasse des Hundes unterscheidet sich die Zeit, die dafür nötig ist. Gerade bei der Pflege sind langhaarige Hunde deutlich aufwendiger.

Ein Hund kann das Leben eines Menschen sehr bereichern. Allerdings macht er auch vieles komplizierter. Dazu zählen unter anderem Urlaube. Menschen, die gerne und viel in den Urlaub fahren, müssen sich genau überlegen, ob sie ihren Hund mitnehmen wollen oder jemanden finden, der sich in dieser Zeit um ihn kümmert. Beides kann sehr anstrengend sein. In vielen Unterkünften und Hotels sind Hunde nicht erlaubt. Aber wenn er zu Hause bleibt, ist es nicht immer leicht, eine gute Betreuungsperson zu finden.

Anfängerhunde

Oft wird unterschätzt, dass für viele Hunde Erfahrung nötig ist. Die Hundeerziehung ist aufwendig und kann den Besitzer an seine Grenzen bringen. Deshalb suchen Menschen, die mit der Hundehaltung beginnen, gerne nach Anfängerhunden. Diese haben in der Regel den Wesenszug, dass sie dem Menschen gefallen wollen, und sind dementsprechend gut zu erziehen. Dazu zählen die Golden Retriever und die Labrador Retriever. Dies sind die beliebtesten Hunde aus der Reihe der Anfängerhunde. Aber sie sind nicht die Einzigen. Auch der Bichon Frisé, der deutsche Boxer, die französische Bulldogge, der Zwergspitz, der Pudel, der Leonberger, der Cavalier King Charles Spaniel, der Mops, der Zwergspaniel, der Yorkshire Terrier, der Labradoodle, der Malteser und der Havenser gesellen sich dazu.

Hunde, die wenig Auslauf brauchen

Jeder Hund benötigt täglich viel Auslauf. Da führt kein Weg dran vorbei. Doch auch unter den Hunden gibt es Couch Potatoes. Wer beim Auslauf ein wenig Zeit einsparen möchte, kann sich an bestimmte Hunderassen wenden. Dazu zählen kleine, aber auch große Hundearten. Der Chihuaha, der Berner Sennenhund, der Japan Chin, die französische Bulldogge, der Malteser, der Shar-Pei, der Shiba Inu, der Zwergspitz, der Mops, der Pekinese, der Basset Hound, der Neufundländer, der Bichon Frise, der Cavalier King Charles Spaniel und der Havaneser gehören dieser Gruppe an.

Hierbei sagt allerdings auch das Alter eine Menge aus. Wer nicht besonders viel mit dem Hund spazieren gehen möchte, sollte sich keinen Welpen zulegen und sich lieber einen älteren Hund aus dem Tierheim holen.

Natürlich muss neben dem Auslauf das Hundetraining beibehalten werden, damit der Hund geistig gefördert wird. Das ist sehr wichtig, um ihn fit zu halten.

Gesetze und Versicherungen

Gesetze

Für die Hundehaltung gibt es einige Gesetze und Vorschriften. Auf der Rasseliste werden die Rassen und Kreuzungen eingetragen, die als gefährlich gelten.

Um dem illegalen Welpenhandel entgegenzuwirken, wird vorgeschrieben, dass Hunde nur bei sachkundigen Züchtern und Haltern erworben werden dürfen. Es gilt im öffentlichen Raum eine allgemeine Leinenpflicht. Nur in ausgewiesenen Hundeauslaufgebieten dürfen diese freilaufen.

Weiterhin gibt es Vorschriften, dass der Hundekot beseitigt werden muss und es den Bezirken freisteht, in bestimmten Gebieten die Mitnahme von Hunden zu untersagen.

Krankenversicherung

Die Kosten für einen Tierarztbesuch können enorm hoch sein. Untersuchungen, Impfungen, Wurmkuren und Floh- und Zeckenprophylaxen sind mit 50 bis 300 € abgedeckt, doch wenn eine Operation nötig wird, können schnell Kosten von über 1.000 € auf den Halter zukommen. Deshalb ist es wichtig, dass monatlich Geld zurückgelegt wird, um auf einen Tierarztbesuch immer vorbereitet zu sein.

Eine andere Möglichkeit wäre eine Krankenversicherung. Die gibt es nicht nur für Menschen, sondern auch für Hunde. Dabei muss natürlich, wie bei allen Versicherungen, genau auf die Konditionen geachtet werden. Die monatlichen Kosten richten sich nach dem Alter, dem Gewicht und der Rasse des Hundes. Weiterhin hat auch das Leistungspaket einen Einfluss auf die Kosten. Wer mehrere Hunde bei einer Versicherung anmeldet, kann dafür einen Rabatt kriegen.

Um Geld zu sparen, sollten nur die Leistungen ausgewählt werden, die wirklich nötig sind. Vor dem Abschluss solltest du dir die Frage stellen, ob es existenzbedrohend wäre, wenn der schlimmste Fall eintritt. Wenn die Kosten nur ärgerlich, aber bezahlbar sind, kannst du auf diese Leistung verzichten.

Zu den regulären Leistungen der Versicherungen gehören OP-Kosten, Heilbehandlungen, stationäre Unterbringung nach der OP, Kennzeichnung des Tieres mit einem Chip, Leistungen im Todesfall und Zuzahlung zu den Kosten für eine Kastration.

Selbstverständlich sollten vor dem Abschluss mehrere Anbieter verglichen werden, um das Angebot zu finden, dass für dich am besten ist.

Beim Abschluss einer Versicherung ist die Wartezeit zwischen dem Vertragsabschluss und dem Versicherungsbeginn zu bedenken. Diese dauert in der Regel drei Monate.

Versichert werden können alle Hunde ab acht Wochen.

Ob sich eine Versicherung lohnt, muss jeder Besitzer selbst entscheiden. Die Tierarztkosten können allerdings schnell ansteigen, da ein Besuch nicht nur bei Krankheitsanzeichen, sondern auch in regelmäßigen

Abständen zur Vorsorge stattfinden sollte. Wer eine Versicherung hat, muss sich um die Tierarztkosten kaum Gedanken machen.

Haftpflichtversicherung

Eine Haftpflichtversicherung für den Hund ist in einigen Regionen Deutschlands Pflicht. Dazu zählen Berlin, Hamburg, Niedersachsen, Sachsen-Anhalt, Schleswig-Holstein und Thüringen. In Baden-Württemberg, Brandenburg, Bremen, Hessen, Nordrhein-Westfalen, Rheinland-Pfalz, Saarland und Sachsen ist eine Versicherung nur für bestimmte Hunderassen Pflicht. Allerdings bietet es sich auch in den anderen Bundesländern an, eine Haftpflichtversicherung abzuschließen.

Der Besitzer ist für die Handlungen seines Hundes verantwortlich und auch ein gut erzogener Hund kann Schäden anrichten. Die Kosten, die dadurch verursacht werden, können existenzbedrohend sein. Versichert sind in der Regel Schäden an Personen-, Sach- und Vermögensschäden.

Natürlich sollten auch hier mehrere Anbieter verglichen und die beste Option ausgewählt werden. Jeder muss die optimale Versicherung selbst finden, da die persönlichen Umstände unterschiedlich sind.

Die Kosten sind abhängig von der Hunderasse und dem Alter. Du kannst von der Versicherung Vergünstigungen angeboten bekommen, wenn mehrere Hunde in einer Versicherung untergebracht werden.

Vorteile kann es auch haben, die Haftpflicht- mit der Krankenversicherung zu kombinieren.

Steuern

Fast überall in Deutschland muss eine Hundesteuer gezahlt werden. Sie wird jährlich fällig und kann bei bis zu 300 € liegen. In der Regel muss sie pro Hund und nicht pro Besitzer bezahlt werden. Wer zwei Hunde hat, muss dementsprechend mehr zahlen als jemand, der nur einen Hund hat.

Nur für Hunde, die für gewerbliche Zwecke gehalten werden, darf keine Hundesteuer erhoben werden. Dazu zählt zum Beispiel eine gewerbliche Hundezucht.

Steuerbefreiungen gibt es für Blindenhunde, Gebrauchshunde, Hütehunde, Hunde mit bestandener Begleitprüfung, Hunde aus dem Tierheim oder von einem privaten Züchter.

Für Kampf- und Listenhunde kann die Hundesteuer deutlich höher ausfallen.

Der neue Hund muss so schnell wie möglich beim zuständigen Amt angemeldet werden. Auch wenn die Hundesteuer wegfällt, muss der Hund gemeldet sein.

Die Höhe der Steuer richtet sich nicht nach dem Einkommen des Halters.

Kosten

Wer sich einen Hund anschaffen möchte, stellt sich schnell die Kostenfrage. Der Hund selbst ist nicht günstig. Dazu kommen die Kosten für die Einrichtungsgegenstände und die monatlichen Kosten sollten ebenfalls nicht unterschätzt werden. Ein Hund ist keine günstige

Angelegenheit. Das sollte jedem zukünftigen Halter bewusst sein.

Anschaffungskosten

Der teuerste Teil der Anschaffungskosten ist der Hund selbst. Hier variieren die Preise drastisch. Im Tierheim kann die Adoption eines Hundes bis zu 400 € kosten. Ein Rassehund vom Züchter kann bis zu 5.000 € kosten. Natürlich nur bei besonders seltenen Rassen. Mehrere hundert Euro sollten für den Kauf eines Hundes definitiv eingerechnet werden.

Dazu kommen weitere Kosten, um dem Hund ein schönes Heim einzurichten. In der folgenden Liste sind die groben Kosten für die Erstausstattung aufgelistet:

Hundegeschirr und -leine	30 €
Schlafplatz	35 €
Wasser – und Futternapf	15 €
Transportbox	30 €
Mikrochip	50 €
Hundebürste, Flohkamm, Zeckenkarte	10 €
Spielzeug	20 €
Zahnpflege	20 €
Gesamt	210 €

Diese Kosten kannst du einfach reduzieren, indem du auf gebrauchte Sachen zurückgreifst. Dabei helfen verschiedene Internetportale oder vielleicht hat ein Bekannter noch etwas übrig, was er nicht mehr benötigt. Du musst natürlich auf den Zustand und die Qualität achten. Die gebrauchten Sachen sollten noch so gut intakt sein, dass sie funktionieren und nicht unangenehm für den Hund sind.

Monatliche Kosten

Mit den Anschaffungskosten ist es natürlich nicht getan. Wie bereits angesprochen, wird jährlich eine Hundesteuer fällig. Auch die Hundehaftpflicht und die Krankenversicherung sind regelmäßige Kosten, die du einrechnen musst.

Wenn du dich dagegen entscheidest, eine Krankenversicherung für deinen Hund abzuschließen, sollte dir bewusst sein, dass du dadurch kein Geld sparst. Tierarztkosten kommen für regelmäßige Impfungen, Wurmkuren und kleine Verletzungen oder Erkrankungen auf. Wenn keine große Operation ansteht, können im Jahr mit 150-200 € gerechnet werden. Das ist natürlich nur eine sehr grobe Rechnung. Es kann jederzeit zu einer Krankheit kommen, die deutlich mehr Kosten erfordert. Wenn keine Krankenversicherung abgeschlossen wurde, müssen Operationskosten, die oft im vierstelligen Bereich liegen, selbst aufgebracht werden. Dafür muss es große Rücklagen geben. Monatlich sollten für Tierarztkosten oder eine Krankenversicherung etwa 20 bis 50 € eingerechnet werden.

Die Haftpflichtversicherung ist in den meisten Bundesländern Pflicht. Sie sollte allerdings auch abgeschlossen werden, wenn keine Pflicht besteht, da sie vor großen Schäden bewahrt. Die monatlichen Kosten liegen in der Regel bei 3 bis 8 €.

Die Hundesteuer ist in jedem Bundesland sehr unterschiedlich. Sie kann zwischen 8 und 25 € im Monat liegen. Bei Listenhunden erhöhen sich diese Kosten deutlich.

Weitere Kosten verursacht das Futter. Dabei kommt es darauf an, wie hochwertig es ist und wie groß der Hund ist. Große Hunde brauchen selbstverständlich mehr Futter. Außerdem gibt es bei den unterschiedlichen Hundefutterarten große Preisunterschiede. Aus diesem Grund kann keine genaue Angabe für die Ausgaben für Hundefutter gemacht werden. Die Kosten liegen zwischen 20 und 150 €.

Damit wären die wichtigen Kosten abgedeckt, die regelmäßig auftreten. Doch wie immer im Leben gibt es auch einige unvorhergesehene Kosten, die plötzlich auftreten können. Dafür sollte immer eine kleine Rücklage vorhanden sein. Recht teuer können Tierpensionen werden. Wenn der Hund nicht mit in den Urlaub kann und keiner von den Bekannten Zeit hat, sich um ihn zu kümmern, ist eine Tierpension die einzige Möglichkeit und geht gut ins Geld.

Weitere unvorhergesehene Kosten entstehen durch neues Spielzeug oder Zubehör. Diese Dinge gehen schnell kaputt. Dies kommt natürlich darauf an, wie wild der Hund spielt und in welchem Alter er ist. Doch für jeden Hund ist hin und wieder neues Spielzeug oder ein neues Hundebett fällig.

Im Winter muss für den Hund eventuell Tierkleidung angeschafft werden. Wenn die Temperaturen besonders stark sinken, ist es für die Hunde zu kalt und sie müssen zusätzlich geschützt werden.

Monatlich sollten für diese zusätzlichen Kosten 10 bis 15 € eingerechnet werden.

Die gesamten Kosten pro Monat belaufen sich auf ungefähr 61 bis 248 € und sind sehr abhängig vom Hund.

Eine Beziehung aufbauen

Einen Hund zu halten, ist gerade dann besonders schön, wenn man eine intensive Beziehung zu ihm aufgebaut hat. Nur dann gelingt es auch, ihm ein bestimmtes Verhalten an- oder abzugewöhnen und ihm Tricks beizubringen. Eine gute Beziehung zwischen Hund und Mensch ist einer der wichtigsten Punkte in der Hundehaltung. Doch diese kommt nicht von allein. Es erfordert viel Arbeit und Zeit. Das musst du vor der Anschaffung bedenken. Ein Hund benötigt nicht nur 1,5 Stunden am Tag, um ihn nach draußen zu bringen. Es erfordert zusätzliche Zeit, mit ihm zu spielen und eine intensive Beziehung aufzubauen.

Dass du sein Futter bezahlst, ist für den Hund kein Grund, dich zu mögen. Du musst ihm zeigen, dass er Spaß mit dir haben kann und sicher bei dir ist.

Die Anfangszeit

Wenn der Hund in ein neues Zuhause kommt, muss er sich an die neue Umgebung gewöhnen. Diese erste Zeit ist sehr anstrengend und aufregend für ihn und für den Menschen. Der Hund ist anfangs ängstlich und muss sich seinen Platz im neuen Zuhause erst suchen. Es kann sein, dass er aus Angst viel bellt. Da kann es helfen, ihn zu beschäftigen und abzulenken.

Die Anfangszeit ist besonders wichtig, um den Hund an bestimmte Verhaltensweisen zu gewöhnen. Er beobachtet den Menschen genau und achtet darauf, wie er in bestimmten Situationen behandelt wird. Wie ein

Kind testet er aus, was er tun darf und was nicht. Deshalb müssen klare Grenzen gesetzt werden. Dabei darfst du natürlich nicht vergessen, gutes Verhalten deines Hundes zu loben. Lob ist eine sehr gute Möglichkeit, den Hund zu trainieren und stärkt die Verbindung zwischen dem Menschen und dem Tier.

Lege die Regeln fest

Der Hund sollte am Anfang nicht der Einzige sein, der seinen neuen Besitzer beobachtet. Auch du kannst viel über deinen neuen Mitbewohner lernen, indem du sein Verhalten genau unter die Lupe nimmst und es beeinflusst, indem zu entsprechend darauf reagierst. Die Anfangszeit mit einem neuen Hund erfordert deshalb besonders viel Zeit und Nerven. Sie ist allerdings wichtig für einen guten Start mit dem neuen Hund. Es bietet sich deshalb an, dafür Urlaub zu nehmen.

Dein Hund nimmt die Menschen, bei denen er einzieht, als sein neues Rudel wahr. Er wird genau beobachten, wer der Chef im Rudel ist. Um ihm klar zu machen, dass er nicht das Sagen hat, sollte immer konsequent gehandelt werden. Widersprüchliche Handlungen sorgen dafür, dass der Hund dich nicht ernst nimmt.

Wenn Kinder im Haus leben, müssen sie lernen, wie sie mit dem Hund umzugehen haben, damit er sie respektiert.

In der Anfangszeit ist es außerdem ratsam, auf Besucher zu verzichten. Gerade, wenn ein neuer Welpe aufgenommen wird, wollen die Familie und Freunde ihn sicherlich so schnell wie möglich kennenlernen. Doch sie müssen sich gedulden. Der Hund muss sich erst langsam an die neue Umgebung und die neuen Menschen in seinem Rudel gewöhnen. Erst dann können fremde Menschen zu Besuch kommen.

Ein Gang zum Tierarzt oder Hundefrisör sollte in den ersten Wochen vermieden werden. Das sind sehr unangenehme Situationen für den Hund, die er dann mit dem Menschen verbindet. Das hindert den Aufbau einer engen Bindung. Alle Aktivitäten, die unnötig viel Stress bei dem Hund auslösen, solltest du anfangs vermeiden. Sobald der Hund Vertrauen aufgebaut hat und sich in der neuen Umgebung wohler fühlt, sind diese Unternehmungen kein Problem mehr und auch die Hundeschule kann dann aufgesucht werden.

Wenn der Hund sich noch an die neue Umgebung gewöhnen muss, sollte er nicht mit Zuneigung bedrängt werden. Er wird von selbst kommen, wenn er Vertrauen gefasst hat. Besonders beim Fressen solltest du ihn in Ruhe lassen.

Ältere Hunde sind in der Regel bereits stubenrein. Doch Welpen müssen das erst lernen. Dafür sollte der Hund immer direkt vor die Tür gebracht werden, wenn er unruhig wird. Nachdem er draußen sein Geschäft verrichtet hat, musst du ihn ausgiebig loben. Dadurch lernt er, dass er sich richtig verhalten hat.

Anfangs solltest du die Spaziergänge unbedingt kurzhalten und dafür öfter rausgehen. Auch die Umgebung um das Haus herum ist neu und angsteinflößend. Der Hund muss sich erst daran gewöhnen und sollte deshalb nicht überfordert werden. Mit der Zeit können die Spaziergänge länger sein.

Das Alleinsein

Ältere Hunde sind oft bereits daran gewöhnt, für einige Stunden allein zu sein. Das ist etwas, das Welpen erst antrainiert werden muss. Auch damit sollte in der Anfangszeit begonnen werden. Für das erste Alleinsein reichen 5 Minuten. Diese Zeit kann langsam verlängert werden. Der Hund muss lernen, dass es in Ordnung ist, wenn der Mensch verschwindet und dass er immer wieder kommt. Außerdem lernt er durch das langsame Ausdehnen der Zeit, wie er sich allein beschäftigen kann.

Verabschiede dich nicht besonders überschwänglich von deinem Hund. Gib ihm nur eine Kleinigkeit, die ihn ablenkt und verschwinde.

Der größte Fehler ist es, einen Hund, der nicht daran gewöhnt ist, plötzlich für mehrere Stunden allein zu lassen. Das kann traumatisch für ihn sein und Trennungsängste auslösen, die sehr schwer zu beheben sind.

Wenn der Hund sich scher damit tut, das Alleinsein zu lernen, sollte professionelle Hilfe in Anspruch genommen werden, damit keine psychischen Probleme entstehen.

Routine einführen

Wir beschweren uns manchmal über unseren langweiligen Alltag, aber komplett aufgeben würden wir unsere Routinen nicht. Sie geben uns Sicherheit. Wir wissen, dass wir jeden Tag zur Arbeit gehen, welche Leute uns dort erwarten, wann wir unser Geld kriegen und wo wir unser Essen kaufen können. Wenn wir all dies nicht wüssten, wären wir unsicher und würden uns nicht wohl fühlen. Genauso geht es dem Hund. Wenn er weiß, wann und wo er sein Futter bekommt, wann er seinen Auslauf bekommt, wo sein Spielzeug liegt und von welchen Menschen er täglich umgeben ist, gibt ihm das Sicherheit. Das führt dazu, dass er sich schneller eingewöhnt.

Deshalb solltest du eine Alltagsroutine mit dem Hund entwickeln. Feste Zeiten für Spaziergänge, für das Futter und zum Spielen sind wichtig für ihn.

Wann baut dein Hund eine Bindung zu dir auf?

Um herauszufinden, wann ein Hund einen Menschen respektiert und lieben lernt, lohnt es sich, einen Blick in die Natur zu werfen. Der Anführer eines Rudels gibt den anderen Hunden Sicherheit und beschützt sie. Gleichzeitig muss er berechenbar sein. Der Hund muss die Handlungen seiner Bezugsperson vorhersehen können, damit er sich bei ihr sicher fühlt.

Um zu einer Person zu werden, zu der dein Hund aufsieht, musst du ihm etwas beibringen können. So wäre es auch in der Natur. Der Hund bewundert andere, die ihm etwas voraushaben.

Besonders wichtig ist es, dass dein Hund sich akzeptiert fühlt. Er möchte nicht von dir unterdrückt und zurechtgebogen werden. Du musst ihm das Gefühl geben, dass er sich frei entfalten kann. Nur dann fühlt er sich in deiner Gegenwart wohl.

Diese Punkte solltest du dir zu Herzen nehmen, wenn du eine sichere und gute Beziehung zu deinem Hund aufbauen möchtest.

Achte auf deinen Hund

Um eine Verbindung aufbauen zu können, muss gegenseitiges Vertrauen und Respekt vor dem anderen vorhanden sein. Wenn dein Hund dich respektieren soll, musst du ihn beachten. Dafür ist es wichtig, die Körpersprache des neuen Mitbewohners zu verstehen. Er kann sich nicht mit Worten ausdrücken, zeigt dir aber durch sein Verhalten, was er möchte und ob er dich mag und dir vertraut.

Wenn dein Hund deutlich zeigt, dass ihm eine Situation unangenehm ist, sollte er dieser nicht länger ausgesetzt werden.

Ein nervöser Hund braucht einen entspannten Menschen an seiner Seite, der sich nicht aus der Ruhe bringen lässt und seinem Hund zeigt, dass er keine Angst haben braucht.

Wie dein Hund kommuniziert

Knurren	Angst, Schmerzen, Beuteverteidigung
Gähnen, Kopf abwenden, Nase lecken, auf dem Boden schnüffeln, einen Bogen gehen	Konfliktvermeidung
Schwanzwedeln mit erhobenem Schwanz	Freude
Schwanzwedeln mit gesenktem Schwanz	Unsicherheit, Angst
Nach hinten gezogene Lefzen, Zähne zeigen	Drohung
Tiefes Bellen	Aggressivität
Hohes Bellen	Freude
Fiepen	Stress
Winseln	Aufregung, Nervosität, Frustration

Diese Signale sind sehr wichtig und müssen von dem Menschen wahrgenommen und beachtet werden. Besonders das Knurren darfst du nie bestrafen. Es ist gut, wenn der Hund sich ausdrückt und dir mitteilt, was ihn stört. Nur dann kannst du auch darauf reagieren.

Ein gutes Verhältnis kann nur entstehen, wenn du deinen Hund verstehst und er sich verstanden fühlt.

Wie du mit deinem Hund kommunizieren solltest

Wenn der Halter seinen Hund versteht, ist nur die halbe Miete geschafft. Der Hund muss auch seinen Besitzer verstehen, damit die Beziehung gut funktionieren kann. Die menschliche Sprache kennt der Hund nicht und er wird sie auch nie lernen. Was er allerdings auseinanderhalten kann, sind Tonlagen. Wenn du deinen Hund loben möchtest, spreche in einer hohen Tonlage und so freudig wie möglich. Soll der Hund gemaßregelt werden, ist eine tiefere und feste Stimme angebracht. Es darf keine Unsicherheit darin liegen.

Wichtig ist, dass diese Stimmlagen immer beibehalten werden. Das wird von uns Menschen schnell unterschätzt, weil es in der Unterhaltung mit anderen Menschen nicht so bedeutend ist. Für den Hund jedoch ist dies die einzige Möglichkeit, dich zu verstehen. Gerade bei Spaziergängen, wenn der Halter nervös ist, weil der Hund sich zu weit entfernt, ändert sich die Tonlage schnell und die Nervosität dringt durch. Das sendet dem Hund kein klares Signal und er hört nicht.

Wird ein Wort, das der Hund mit Lob verbindet, plötzlich laut geschrien und mit wilden Gesten verbunden, verwirrt ihn das und er wird nicht darauf reagieren.

Beim Hundetraining ist nicht der Hund der Schüler, sondern du. Du musst lernen, wie du deinem Hund die richtigen Signale sendest und ihm zeigst, dass du der Anführer bist. Wenn er nicht deinen Anweisungen folgt, machst du etwas falsch und musst daran arbeiten.

Viele der sozialen Interaktionen mit anderen Menschen haben für Hunde eine andere Bedeutung. Dazu zählt die Umarmung. Für uns bedeutet es, dass wir unseren Hund liebhaben. Er nimmt es allerdings als Dominanzverhalten wahr und fühlt sich eingeschüchtert. Für ihn ist diese Situation eher unangenehm und er wird vielleicht versuchen, dich zu beschwichtigen, indem er sich über die Nase leckt oder gähnt. Wenn du deinem Hund zeigen möchtest, dass du ihn liebhast, greife lieber auf Leckerlies zurück oder spiele mit ihm.

Der Hund fühlt sich in deiner Gegenwart wohl, wenn er dich einschätzen kann und deine Signale kennt. Dies ist der wichtigste Punkt, den du verstehen musst. Nur dann kannst du auch danach handeln. Wenn du bei deinem Kommando etwas anders machst als sonst, kann dein Hund es nicht verstehen. Sauer zu werden, ist in dem Fall die falsche Reaktion und führt nicht dazu, dass gegenseitiges Vertrauen entsteht. Stattdessen musst du an dir arbeiten und deine Kommandos genauer ausführen.

Nicht nur die Alltagsroutine, sondern auch dein Verhalten, das immer gleichbleiben sollte, gibt dem Hund Sicherheit.

Bindung durch Spiele stärken

Du sollst für deinen Hund keinen Herrscher und Gebieter darstellen, den er fürchtet. So würde er nicht gerne Zeit mit dir verbringen. Du musst auch ein Freund für ihn sein. Ein Mensch kann einen anderen Hund natürlich nie ersetzen, aber er kann auch eine Art Freundschaft zu einem Hund aufbauen. Dafür sind Spiele unverzichtbar. Nur wenn dein Hund Spaß mit dir hat, wird er dich gerne haben und respektieren. Eine Spielstunde ist für ihn eine Belohnung für gutes Verhalten. Natürlich sollten die Spiele auch dem Besitzer Spaß machen. Denn der Halter soll, ebenso wie der Hund, etwas Positives aus der Freundschaft ziehen.

Doch Spiele und Tricks dienen nicht nur dem Spaß. Sie sorgen auch dafür, dass der Hund gefordert wird.

Wenn Hunde miteinander spielen, tun sie das, um den sozialen Zusammenhalt zu fördern. Doch Hunde unter sich spielen anders als mit dem Menschen. Ist der Hund im Besitz eines Spielzeuges, überlässt er es oft dem Menschen. Einem anderen Hund würde er sein Spielzeug niemals abgeben.

Hält ein Mensch ein Spielzeug in der Hand, ist dies das interessanteste Spielzeug für den Hund. Wenn ein anderer Hund ein Spielzeug hat, würde der Hund sich für ein Spielzeug entscheiden, dass der andere Hund nicht beachtet. Das zeigt auf, wie unterschiedlich die Beziehungen sind.

Das gemeinsame Spielen ist sehr wichtig für eine gute Bindung zum Hund und kann sogar etwas darüber aussagen, wie nah sich der Mensch und der Hund stehen.

Die Spiele müssen an den Hund angepasst werden. Er wird dir zeigen, ob es ihm gefällt oder nicht, und darauf solltest du reagieren.

Dafür müssen verschiedene Spiele ausgetestet werden. Der Hund sollte unbedingt körperlich und geistig ausgelastet sein, damit er zufrieden ist.

Wenn er gerade keine Lust hat zu spielen, muss auch das berücksichtigt werden. Ansonsten hat das Spiel nicht den gewünschten Effekt, sondern führt nur zu Frustration beim Hund.

Wenn du ihm ein Spiel beibringst, bist du der Lehrer. Dieser Job ist nicht einfach und erfordert viel Geduld. Du musst dich in den Hund hineinversetzen und überlegen, wie er das Spiel am besten verstehen könnte. Es hilft, wenn du beim Spielen sehr enthusiastisch bist und vor Freude überquellst. Das überträgt sich auch auf den Hund und er wird umso mehr Spaß daran haben.

Besonders beliebt beim Hund und beim Menschen ist das **Verstecken von Leckerlies**. Entweder in einem Schnüffelteppich, in einer Box oder irgendwo in der Wohnung. Dies ist ein Spiel, das nicht viel Vorbereitung oder Hilfsmittel benötigt und dem Hund sehr viel Spaß macht.

Das **Apportieren** ist ein weiteres Spiel, das sich schnell umsetzen lässt. Am besten spielt ihr das draußen. Einige Hunderassen müssen das Apportieren nicht lernen, sondern können es von Geburt an. Anderen Hunden muss das Spiel erst beigebracht werden. Dafür sollte der Hund anfangs immer überschwänglich gelobt werden, wenn er mit einem Gegenstand im Maul auf seinen Besitzer zuläuft. Wenn das gut funktioniert, kann der Gegenstand ein kleines Stück geworfen werden. Dieser Abstand kann immer weiter vergrößert werden, wenn der Hund den Gegenstand jedes Mal zurückbringt.

Um die **Kreativität** des Hundes zu fördern, gibt es eine interessante Übung. Er wird eine Weile brauchen, bis er versteht, wie sie funktioniert, aber es ist sehr witzig zu beobachten, was er sich alles einfallen lässt, wenn er es erst begriffen hat. Jedes Mal, wenn er ein Verhalten zeigt, das er in der Runde davor noch nicht getan hat, bekommt er eine Belohnung.

Beim Gassi gehen kann der **Parkour-Lauf** ausprobiert werden. Unterwegs gibt es genügend Möglichkeiten dafür. Ein Zick-Zack Lauf zwischen Bäumen oder Sprünge über Baumstämme oder auf ein Mäuerchen sind Möglichkeiten dafür. Dies macht nicht nur dem Hund, sondern auch dir Spaß, da du dir ständig überlegst, was ihr noch machen könntet und der Auslauf macht viel mehr Spaß.

Es gibt noch sehr viel mehr Möglichkeiten für Spiele mit dem Hund. Du kannst auch selbst kreativ werden und dir eine neue Beschäftigung ausdenken.

Tipps für eine gute Bindung

Um eine enge Bindung zu deinem Hund aufzubauen, gibt es viele Tipps und Hilfestellungen. Hier sind einige davon aufgelistet.

Lass ihm seine Ruhe

Ja, ein Hund braucht viel Bewegung und möchte täglich mit dir spielen. Auch diverse Sportarten, die du mit deinem Hund ausüben kannst, sind sehr wichtig für eine starke Bindung. Doch ein Hund ist keine Maschine. Er braucht nach einem langen Auslauf oder einem ausdauernden Spiel seine Ruhe. Hunde brauchen deutlich mehr Schlaf als wir. Im erwachsenen Alter schlafen sie etwa 12 Stunden. Die solltest du ihm auch geben. Wenn du zu viel Spiel und Bewegung in einen Auslauf packst, wird er keinen Spaß mehr daran haben, weil es ihm zu anstrengend ist. Dasselbe gilt auch für das Training. Wenn er zu erschöpft ist, kann er sich nicht mehr konzentrieren und das bringt euch beiden nichts. Stattdessen wird er genervt von dir sein, weil du ihm nicht seine Ruhe gibst. Achte deshalb immer auf die Signale, die dein Hund dir sendet und lass ihn schlafen oder sich ausruhen, wenn er das möchte.

Gemeinsame Erlebnisse

Warum hast du eine enge Bindung zu deinen Freunden? Weil ihr gemeinsame Interessen habt und etwas zusammen unternehmt. Wenn ihr jedes Mal nur schweigend nebeneinander herlaufen und beide darauf warten würdet, dass ihr wieder nach Hause könnt, wäre eure Bindung nicht besonders eng und ihr könntet auch gut ohneeinander auskommen. Dasselbe ist auch bei eurem Hund der Fall. Ihr müsst etwas zusammen unternehmen und Spaß an gemeinsamen Spielen und Hobbys haben. Dafür gibt es viele Möglichkeiten. Ihr könnt euren Auslauf interessant und abwechslungsreich gestalten, regelmäßig mit eurem Hund spielen und verschiedene Hundesportarten ausprobieren. Auch Hundetricks sind für euch beide eine schöne Beschäftigung. Der Hund wird geistig ausgelastet und freut sich, wenn er eine Belohnung bekommt, und dir geht es genauso. Es ist auch für dich anstrengend, deinem Hund die verschiedenen Tricks beizubringen, aber wenn er dann endlich auf dein Kommando hört, freust du dich über den Erfolg. Dadurch, dass ihr gemeinsam an etwas gearbeitet habt und euch anschließend zusammen über das Gelingen freuen könnt, wird eure Bindung stärker.

Durch eine gute Beziehung fällt das Training außerdem leichter. Der Hund verbringt gerne Zeit mit dir und lässt sich deshalb auf alles ein, was du ihm beibringen möchtest.

Zeit zu zweit verbringen

In jeder Beziehung ist es wichtig, Zeit zu zweit zu verbringen. Das gilt auch für die Beziehung zum Hund.

Räume jeden Tag etwas Zeit ein, in der du dich voll und ganz auf ihn konzentrierst, mit ihm spielst oder einem Hobby nachgehst. Dein Hund schätzt die Aufmerksamkeit, die du ihm schenkst. Besonders wichtig ist das, wenn du mehrere Hunde hast. Du solltest nicht immer alle gleichzeitig beschäftigen, sondern für jeden Hund eine extra Zeit einräumen, in der du dich nur auf ihn konzentrierst. Deshalb bedeutet ein zusätzlicher Hund auch eine Menge zusätzliche Zeit. Die Hunde können sich zwar miteinander beschäftigen, brauchen aber auch Zeit mit ihrem Menschen. Schließlich bist du ein Teil des Rudels und musst dich auch so verhalten. Dein Hund wird dir deine besondere Aufmerksamkeit danken und zwischen euch wird eine enge Bindung entstehen.

Obedience Training

Obedience Training kann mit Gehorsamkeitstraining übersetzt werden. Dabei geht es darum, dass du mit deinem Hund gemeinsam Aufgaben bewältigst, die dazu führen, dass ihr ein besseres Team werdet. Der Hund soll lernen, dich zu verstehen, und du sollst lernen, ihn zu verstehen und richtig zu kommunizieren. Dadurch lernt ihr euch besser kennen und knüpft ein starkes Band der Bindung. Besonders hervorgehoben wird bei diesem Training die positive Bestärkung. Ein schlechtes Verhalten des Hundes wird ignoriert, während das gute Verhalten mit Leckerlies belohnt wird. Oft wird hier auch das Klicker Training miteinbezogen. Obwohl das Obedience Training als Hundesport gilt, müssen du und dein Hund nicht besonders sportlich sein. Es werden hauptsächlich Gehorsamkeitsübungen trainiert. Deshalb ist dieses Training für alle Hunde geeignet. Es gibt allerdings Rassen, die eigenständiger sind und mit denen das Obedience Training schwerer fällt. Deshalb sollten keine Vergleiche zu anderen Hundehaltern gezogen werden. Jeder Mensch und Hund ist unterschiedlich und ihr beide lernt auf eure eigene Art und Weise. Manchmal dauert das länger und manchmal geht es schneller. Freu dich über jeden Fortschritt und lass dich nicht davon runterziehen, wenn andere schneller vorankommen. Es gibt sogar Turniere, an denen du teilnehmen kannst, wenn du meinst, dass ihr beide ein gutes Team bildet. Dein Hund soll beim Obedience Training unter anderem lernen, neben dir zu laufen, sich in der Bewegung zu setzen oder hinzulegen, auf deinen Ruf zu hören, zu apportieren und Gegenstände des Halters zu identifizieren.

Anfangs sollte unbedingt ein Trainer dabei sein. Dieser kann beurteilen, wie gut ihr kommuniziert, und Fehler ausräumen, die du im Training machst. Er kann auch beurteilen, wie gut ihr im Team arbeitet und was noch verbessert werden muss. Wenn sich ein Fehler festgesetzt hat, ist er nur schwer wegzukriegen. Deshalb ist es wichtig, dass du am Anfang lernst, wie du mit deinem Hund richtig trainierst.

Im besten Fall schaust du mit deinem Hund regelmäßig bei einem Trainer vorbei.

Vertrauen stärken

Der wichtigste Faktor einer guten Beziehung ist Vertrauen. Deshalb musst du deinem Hund zeigen, dass du auf ihn aufpasst. Damit er beim Auslauf entspannt neben dir herlaufen kann, muss er wissen, dass er nichts zu befürchten hat. Das kannst du erreichen, indem du ihn nicht zu anderen Hunden lässt, wenn er an der Leine ist, oder dich vor ihn stellst, wenn ihr an Hunden vorbeilauft. Dadurch merkt er, dass er sich entspannen kann und sich nicht verteidigen muss, weil du das übernimmst. In vielen Beziehungen kommt es vor, dass der Hund das Gefühl hat, den Menschen beschützen zu müssen. In diesen Fällen bellt der Hund meistens sehr viel, läuft nicht ruhig an der Leine, zieht den Menschen mit sich und ist aggressiv gegenüber anderen Hunden. Dies sind Verhaltensweisen, die von den meisten Hundehaltern nicht gewünscht sind. Oft wissen diese nicht, was sie tun können, um ihrem Hund das entsprechende Verhalten abzugewöhnen. Dabei ist es meistens ganz einfach. Der Hund vertraut seinem Herrchen nicht. Beim Auslauf solltest du deshalb gut aufpassen und nicht dauerhaft abgelenkt sein. Dein Hund muss merken, dass du Gefahren rechtzeitig erkennst und ihn davor beschützt. Deshalb bist du auch derjenige, der voran geht und nicht dein Hund.

Du solltest auch lernen, einzuschätzen, mit wem sich dein Hund versteht und mit wem nicht. Wenn zwei Hunde sich miteinander beschäftigen, schenken die Halter ihnen oft kaum Aufmerksamkeit. Dabei ist es wichtig, dass du erkennst, ob du deinen Hund eventuell beschützen musst. Das ist nicht nur der Fall, wenn es zu einer blutigen Auseinandersetzung gekommen ist, sondern muss bereits viel früher passieren.

Um Vertrauen aufzubauen, ist es auch wichtig, dass du ihm seinen Rückzugsort lässt. Wenn er in seinem Körbchen liegt, fass ihn nicht an, sondern lass ihn in Ruhe dort entspannen. Auch deine Gäste solltest du darauf hinweisen, denn die sind für deinen Hund fremd und potentielle Feinde. Er muss merken, dass du nicht zulässt, dass fremde Menschen ihm in seiner Sicherheitszone zu nahe treten.

Sollte er Angst vor etwas haben, gibst du ihm ein gutes Gefühl, wenn du an seiner Seite bleibst und das Problem gemeinsam mit ihm bewältigst.

Um das Vertrauen deines Hundes in dich zu stärken, gibt es keine bestimmte Übung. Dies ist ein Prozess, der sich entwickelt. Du musst ihm immer das Gefühl geben, dass er an deiner Seite keine Angst haben muss.

Zu diesem Punkt zählt auch, dass du deinem Hund klare Grenzen setzt. Wenn er genau weiß, woran er bei dir ist, was er darf und was nicht, gibt ihm das Sicherheit. Das stärkt auch sein Vertrauen in dich, weil er dich und dein Verhalten gut einschätzen kann.

Bindung und Erziehung

Eine enge Bindung zum Hund ist nichts, was sich erzwingen lässt. Sie entsteht durch Zeit, Aufmerksamkeit und eine gute Kommunikation. Der Hund muss merken, dass er dir vertrauen kann, genauso, wie du ihm vertrauen möchtest.

Bindung sollte klar von Erziehung getrennt werden. Dies ist ein häufiger Fehler, den viele Anfänger in der Hundehaltung machen. Der Gedanke, die gesetzten

Grenzen manchmal nicht so ernst zu nehmen, um sich beim Hund einzuschleimen, kommt schnell auf. Das Problem an der Sache ist nur, dass dein Hund nicht versteht, weshalb er die Grenze mal überschreiten darf und mal nicht. In der Erziehung wird Inkonsequenz bestraft, indem dein Hund dir auf der Nase herumtanzt.

Um eine gute Beziehung aufzubauen, musst du ihm nicht alles geben, was er möchte. Wenn du ihn bei dir aufnimmst, setzt du klare Regeln und die bleiben bestehen. Der Hund kann betteln, so viel er will. Die aufgelegten Regeln werden nicht gebrochen. Das hat keinen negativen Einfluss auf die Bindung. Diese entsteht durch die Aufmerksamkeit und Liebe, die er von dir bekommt, und nicht, indem du deine eigenen Regeln brichst. Das führt nur dazu, dass dein Hund dich nicht mehr ernst nimmt.

Deshalb ist es so wichtig, diese beiden Dinge voneinander zu trennen. Erziehung bedeutet, dass du deinem Hund das richtige Verhalten beibringst. Dieses muss er lernen, damit ihr gut zusammenleben könnt und ihr auch beim Auslauf keine Probleme habt. Die Erziehung ist dazu da, um euch beiden das Leben zu erleichtern und die Rangordnung festzulegen. Du möchtest der Chef sein, deshalb musst du deinem Hund zeigen, dass du konsequent bist und dir die Position des Anführers verdient hast. Ansonsten macht er dir diesen Rang streitig. Dies kannst du nur erreichen, wenn du richtig mit ihm kommunizierst und ihm klare Grenzen setzt, die er jederzeit einhalten muss.

Die Bindung soll dazu führen, dass ihr gerne Zeit miteinander verbringt. Deshalb ist es auch so wichtig, den

Auslauf interessant zu gestalten. Wenn du nur gelangweilt mit deinem Hund durch die gleichen Straßen schlenderst und darauf wartest, dass du endlich wieder nach Hause gehen kannst, wirst du keinen Spaß daran haben, Zeit mit deinem Hund zu verbringen und ihm wird es ebenso gehen. Du musst ein Hobby finden, das ihr zusammen ausüben könnt, und mit deinem Hund spielen. Dabei müsst ihr beide Spaß haben. Nur so könnt ihr eine enge Bindung aufbauen.

Beides ist für ein schönes Zusammenleben wichtig und darf nicht vernachlässigt werden. Geduld, eine gute Kommunikation und eine entspannte Einstellung sind für die Erziehung sowie eine enge Bindung sehr wichtig. Beide Dinge können ohneeinander kaum bestehen. Wenn du deinen Hund nicht gut erzogen hast, wirst du oft von ihm genervt sein, weil er nicht das macht, was du möchtest. Er wird dir auf der Nase herumtanzen, weshalb du ihn oft anmeckerst und er versteht nicht, was er falsch gemacht hat. So kann keine enge Bindung entstehen. Dasselbe passiert andersherum. Wenn ihr keine enge Bindung habt, wird dein Hund dich nicht richtig respektieren und die Erziehung fällt deutlich schwerer. Diese beiden Dinge müssen strikt voneinander getrennt werden, hängen aber dennoch zusammen und sind beide sehr wichtig.

Bevor du auf ein Verhalten von deinem Hund reagierst, solltest du genau überlegen, in welche Kategorie es gehört.

Wenn du nicht möchtest, dass dein Hund in deinem Bett schläft, gehört dies in die Kategorie Erziehung. Selbst, wenn du gemütlich im Bett entspannst, dein Hund sich kurz zu dir kuscheln möchte und du das in diesem Moment schön finden würdest, darfst du es nicht zulassen. Stattdessen wäre es sinnvoller, das Bett zu verlassen und dich zusammen mit deinem Hund auf eine Decke zu kuscheln, auf der er liegen darf. Eine andere Möglichkeit wäre, dass du deinem Hund beibringst, dass er dich immer um deine Erlaubnis bitten muss, bevor er auf die Couch oder auf dein Bett darf. Auch dabei musst du natürlich hart bleiben. Wenn er einmal auf dein Bett springt, ohne zu fragen, darfst du dies niemals einfach hinnehmen.

Wenn dein Hund Liebe von dir möchte oder mit dir spielen will, gehört dies in die Kategorie Bindung. Dem kann immer nachgegeben werden, es sei denn, dein Hund verletzt dabei eine Grenze, die du ihm gesetzt hast.

Wodurch entsteht eine enge Bindung?

1. Alltagsroutine
2. Eindeutige Kommunikation
3. Signale vom Hund beachten
4. Gemeinsames Spielen

Wie erziehe ich meinen Hund?

1. Klares und kurzes Signalwort
2. Eindeutige Sprache
3. Klare Grenzen, von denen nicht abgewichen wird
4. Geduld und eine ruhige Einstellung

Hund in der Wohnung

Hunde in der Wohnung sind ein großes Thema bei der richtigen Haltung. Im besten Fall steht dem Hund ein großer Garten zur Verfügung. Doch nur die wenigsten Menschen können das bieten. Deshalb stellt sich oft die Frage, wie artgerecht eine Haltung in der Wohnung für Hunde ist.

Die rechtliche Seite

In Eigentumswohnungen ist es kein Problem, sich einen Hund anzuschaffen. Dies sieht in einer Mietwohnung ganz anders aus. Dort hat der Vermieter ein Wörtchen mitzureden.

Sollte die Hundehaltung in deinem Mietshaus generell erlaubt sein, trifft dies nicht unbedingt auf jeden Hund zu. Umgängliche Hunde sind sicherlich gerne gesehen, aggressive Hunde hingegen sind oft nicht erlaubt, da sie öfter bellen und die Nachbarn beängstigen könnten. Ist im Mietvertrag keine Regelung zur Haustierhaltung vorhanden, muss beim Vermieter nachgefragt werden.

Ein generelles Verbot der Haustierhaltung ist nicht rechtens. Doch dabei gibt es Unterschiede. Ist ein Verbot der Hundehaltung im Mietvertrag festgehalten und der Mieter hat dies unterschrieben, stellt das eine individuelle Vereinbarung zwischen den beiden Parteien dar und ist gültig. Eine Klausel, die das generelle Halten von Tieren verbietet, ist ungültig, da es immer erlaubt sein muss, Kleintiere zu halten. In diesem Fall sollte nun Rücksprache mit dem Vermieter gehalten werden.

Einige Hundearten fallen sogar unter die Kategorie Kleintiere. Dazu gehört der Yorkshire Terrier. In Gerichtsurteilen wurde er als Kleintier betrachtet, da er als ungefährlich gilt und sehr klein und umgänglich ist.

Generell gilt, wer die Interessen und Bedürfnisse des Vermieters und der Nachbarn berücksichtigt, hat es leichter. In einem ruhigen Gespräch können dem Vermieter seine Ängste genommen werden. Oft sind dies Beschwerden der Nachbarn über häufiges Bellen und Kot im Treppenhaus oder im Gemeinschaftsgarten. Eine abgeschlossene Haftpflichtversicherung kann auch dazu beitragen, den Vermieter zu überzeugen.

Wer den Hund bereits in einer vorherigen Wohnung hatte, kann sich von seinem ehemaligen Vermieter bescheinigen lassen, dass es keine Probleme gab.

Schwer haben es in jedem Fall immer Menschen, die einen Listenhund halten. Auch wenn sie keine Gefahr darstellen, sind sie bei den meisten Menschen leider nicht gerne gesehen. Die Haltung dieser Hunderassen kann im Mietvertrag ausgeschlossen werden.

Ist bereits ein Hund im Haushalt vorhanden, ist dies keine automatische Erlaubnis, sich einen zweiten zulegen zu können. Für jeden Hund muss vom Vermieter eine neue Erlaubnis eingeholt werden.

Eine schlechte Entscheidung ist es, sich einen Hund zu holen, wenn der Vermieter dies nicht gestattet hat. Denn in dem Fall hat er das Recht, zu verlangen, dass der Hund wieder weggegeben wird. Wenn das nicht passiert, ist eine Kündigung rechtens.

Wenn der Vermieter seine Erlaubnis für die Hundehaltung erteilt hat, kann er sie nicht einfach wieder zurückziehen. Dafür wäre ein guter Grund nötig, wie ständiges Bellen oder das Beißen oder Belästigen eines Nachbarn.

Probleme

Wenn der Hund in der Wohnung erlaubt ist, stellt sich schnell die Frage, ob er dort glücklich sein kann. Dabei solltest du dir bewusst machen, dass ein Hund in einem Garten nicht automatisch glücklicher ist. Wird er dort sich selbst überlassen, langweilt er sich genauso wie in der Wohnung. Wichtig ist, dass dem Hund viel Beschäftigung und viel Auslauf geboten werden. Steht ihm ein Garten zur Verfügung, können die Spaziergänge etwas kürzer sein, aber nicht wegfallen.

Ein Hund möchte gefordert werden und dabei hilft ihm ein Garten nicht.

In der Wohnung ergeben sich allerdings auch einige Dinge, die bedacht werden müssen. Genauso wie der Mensch, kann auch der Hund alt und krank werden. Es ist möglich, dass er es irgendwann nicht mehr allein schafft, die Treppen zu steigen und getragen werden muss. Der Halter sollte das körperlich bewältigen können.

Bevor ein Hund in ein Mietswohnhaus zieht, sollte dem zukünftigen Halter bewusst sein, ob andere Tiere im Haus wohnen. Besonders Katzen, die sich im Treppenhaus frei bewegen, könnten zu einem Problem werden.

Einrichtung

Wenn ein Hund einzieht, sollte die Wohnung möglichst viel freie Fläche bieten, damit er sich dort austoben kann. Selbstverständlich müssen spitze oder scharfe Gegenstände unbedingt verstaut werden, damit der Hund sich daran nicht verletzt. Es lauern allerdings auch weitere Gefahren in einer Wohnung. Giftige Pflanzen, Medikamente oder Zigaretten müssen entfernt oder sehr gut versteckt werden. Nicht zu vergessen sind auch Stromkabel.

Ist Teppich in der Wohnung, sollte er leicht zu reinigen und dunkel sein, damit nicht jede dreckige Hundepfote direkt einen unschönen Abdruck hinterlässt. Wichtige Unterlagen oder Gegenstände sollten in einem geschlossenen Regal verstaut werden, damit der Hund diese nicht zerstört. Dasselbe gilt für Lebensmittel, die der Hund nicht fressen darf. Sie müssen unbedingt nicht erreichbar für den neuen Mitbewohner aufbewahrt werden. Dazu zählen auch Mülleimer. Diese müssen zumindest gut verschlossen sein.

Der Hund selbst braucht nicht viel Einrichtung. Ihm reicht ein gemütliches Bett, etwas Spielzeug und ein Futter- und Wassernapf. Die Näpfe sollten an einem festen Ort stehen. Das gehört zu der Alltagsroutine des Hundes und sorgt dafür, dass er sich schneller wohlfühlt im neuen Zuhause.

Welche Hunderassen eignen sich für die Wohnung?

In einer Stadtwohnung sollte auf Hunderassen zurückgegriffen werden, die nicht ganz so viel Auslauf brauchen, einen entspannten Charakter haben und nicht zum Bellen neigen.

Wachhunde oder andere sehr territoriale Hunde sind nicht gut für Mietwohnungen geeignet. Sie sehen die Wohnung als ihr Reich und wenn sich jemand nähert, machen sie auf sich aufmerksam. Das kann in einer Mietwohnung einige Probleme verursachen.

Dabei kann nicht pauschal in kleine und große Hunde unterschieden werden. Es kommt auf den Charakter an. Einige kleine Hunde haben sehr viel Energie und müssen sich ständig bewegen, während manche große Hunde sich am liebsten entspannen. Deshalb ist es wichtig, sich vor der Anschaffung genau über den Hund zu informieren.

Auch Hunde, die sehr viel Energie haben, können in einer Wohnung gehalten werden. Sie brauchen allerdings sehr viel Auslauf und das kostet eine Menge Zeit. Nur wer diese Zeit investieren kann, sollte sich solch einen Hund anschaffen.

Zu den Hunderassen, die besonders viel Auslauf brauchen, zählen unter anderen der Schäferhund, der Golden Retriever, der Labrador Retriever, der Irish Setter und der Border Collie.

Unterbringung

Der neue Hund muss hauptsächlich in der Wohnung bei seinen Besitzern untergebracht sein. Es sind sehr treue Tiere, die sich eng an ihre Menschen binden. Deshalb sollten sie nicht dauerhaft herumgereicht werden.

Natürlich können sie mal für ein paar Stunden alleine bleiben und einen Urlaub in einer Tierpension überleben, aber die meiste Zeit sollten sie mit ihren Bezugspersonen verbringen.

Wie lange sie allein bleiben können, hängt von der Rasse, dem Charakter und dem Alter des Hundes ab. Welpen müssen erst langsam daran gewöhnt werden, dass sie sich auch allein beschäftigen können. Wenn ein junger Hund einzieht, muss daher am Anfang immer jemand im Haus sein und sich um ihn kümmern.

Was für Möglichkeiten gibt es?

Ältere Hunde haben in der Regel schon gelernt, dass es in Ordnung ist, wenn der Mensch mal für einige Stunden weg ist. Wie lange sie das schaffen, hängt vom Hund ab und muss vorher geklärt werden. Länger als fünf Stunden sollte allerdings kein Hund allein sein. Eine Einzelperson, die täglich neun Stunden unterwegs ist, hat daher ein Problem. Schließlich muss dieser zum Pinkeln nach draußen und langweilt sich, wenn er für so eine lange Zeit nichts zu tun hat. Das würde auch jeder von uns. Wenn du neun Stunden in einer Wohnung eingesperrt wärst und nichts zu tun hättest, würdest du auf Dauer durchdrehen. Genauso geht es dem Hund.

Eine Lösung für dieses Problem wäre es täglich jemanden dafür zu bezahlen, mit dem Hund raus zu gehen. Das geht natürlich schnell ins Geld. Ein Hundesitter fängt pro Stunde bei 7,50 € an. Viele Menschen haben in dem Fall auch das Problem, dass sie einem fremden Menschen ihren Hund nicht anvertrauen wollen. Allerdings wird niemand auf Dauer ohne Hundesitter auskommen. Krankenhausaufenthalte oder auch nur eine starke Erkältung können schon dazu führen, dass du es nicht schaffst, deinen Hund zu beschäftigen.

Es kommt auch vor, dass der Besitzer ohne seinen Hund in den Urlaub fährt, da es mit Hund deutlich schwieriger ist, eine Unterkunft zu finden.

Jeder Hundehalter muss sich daher zwangsläufig nach einer alternativen Unterbringung für seinen Hund umsehen. Glücklich sind die Menschen, die Freunde oder Bekannte in der Nähe haben, die sich jederzeit um den Hund kümmern könnten. Das ist allerdings nicht immer der Fall. Ein Hundesitter ist eine andere Alternative. Für Urlaube oder längere Krankenhausaufenthalte kommt auch eine Tierpension in Frage. Dabei gibt es sehr unterschiedliche Standards. Eine Luxusbetreuung kann bis zu 100 € kosten. Es gibt allerdings auch günstigere Varianten für 20-25 €. Selbstverständlich muss die Tierpension gut ausgewählt werden. Der Hund soll nicht den ganzen Tag im Zwinger sitzen, sondern viel Auslauf bekommen.

Wird von der Tierpension kein Impfausweis verlangt, ist das ein Zeichen, dass die Pension weniger seriös ist. In dem Fall sollte sie genau unter die Lupe genommen werden. Natürlich sollte jeder Tierpension immer ein Besuch abgestattet werden, bevor der Hund dort abgegeben wird. Vielleicht gibt es Urkunden und Zertifikate, die du dir anschauen kannst. Wichtig ist, dass die Gehege sauber sind und die Tiere einen guten Eindruck machen. Die Bewertungen anderer Kunden können auch sehr hilfreich sein bei der Auswahl.

Eine günstige Betreuungsmöglichkeit ist das Tierheim. Dort kostet ein Tag in der Regel zwischen 10-15 €. Mit Tieren, die aus dem Tierheim kommen oder die bereits oft ins Tierheim zurückgegeben wurden, sollte damit sehr vorsichtig umgegangen werden. Es gab schon Hunde, die mehrere Tage die Nahrung vermieden haben, nachdem sie erneut ins Tierheim zurückgebracht wurden. Da der Hund nicht unterscheiden kann, ob sein Besitzer ihn für immer verlassen hat oder nur im Urlaub ist, könnte eine Urlaubsbetreuung im Tierheim traumatisch sein, natürlich nur, wenn der Hund das Tierheim schon kennt. Ein weiteres Problem ist, dass die Hunde dort viel im Zwinger gehalten werden.

Eine schöne Idee für Menschen, die keine Freunde oder Verwandten in der Nähe haben, ist die Website „Nimmst du mein Tier, nehme ich dein Tier“. Dort werden Hundebesitzer miteinander in Kontakt gebracht, die sich jeweils um das Tier des anderen kümmern, wenn dieser im Urlaub ist. Das Schöne ist, dass du dir nicht bei jedem Urlaub erneut Gedanken machen musst, wo der Hund hinsoll. Außerdem hat er in der Familie einen anderen Hund, mit dem er spielen kann und fühlt sich nach einer Weile wohl in der Familie, weil er die Menschen und Hunde kennt. Um deinem Tier vor dem ersten langen Besuch in der Pflegefamilie den Aufenthalt zu erleichtern, kannst du dich mit der Familie regelmäßig zum Auslauf treffen. Dadurch hat dein Hund die Möglichkeit, die Mitglieder seiner Pflegefamilie schon kennenzulernen.

Menschen, die einen „Problemhund" halten, haben es schwierig, eine Unterkunft zu finden. Zu dieser Kategorie zählen Hunde, die als Welpen traumatische Erlebnisse oder im Laufe ihres Lebens schlechte Erfahrungen gemacht haben, und dadurch zu aggressivem Verhalten neigen. In dem Fall empfiehlt es sich, in einer Hundeschule nachzufragen, die den Hund kennt, und um eine Empfehlung für eine Pension zu bitten, wo der Hund gut aufgehoben wäre.

Vor dem Urlaub ist es ratsam, den Tierarzt aufzusuchen und eine Kontrolluntersuchung machen zu lassen. Dadurch kannst du entspannter in den Urlaub fahren und der Hund ist gut versorgt, falls er Medikamente braucht.

Ernährung

Das Thema Ernährung in der Hundehaltung ist sehr umstritten. Die Hundehalter haben dazu sehr unterschiedliche Meinungen. Einige werden durch den Einfluss der Hundefutter Hersteller geprägt und durch Bequemlichkeit unterstützt.

BARF als Ernährung für den Hund

BARF ist eine Bewegung von Hundehaltern, die daraus entstanden ist, sich auf die Ernährung des Wolfs zu berufen. Die Vorfahren unserer Hunde sind schließlich die Wölfe. Obwohl die heutigen Hunde domestiziert sind, besitzen sie noch immer viele Instinkte ihrer Vorfahren. Die artgerechteste Ernährung ist, laut den Menschen, die eine BARF-Ernährung bevorzugen, die Verfütterung von rohem Fleisch. Die Kurzbezeichnung steht für biologisch artgerechte Rohfütterung. Das Fleisch, das verfüttert wird, ist roh und komplett unverarbeitet.

Die Vorteile dieser Ernährung liegen klar auf der Hand. Es ist die natürlichste Art, seinen Hund zu ernähren und befriedigt den Kautrieb. Zusätzlich weiß der Halter genau, aus welchen Bestandteilen das Futter besteht, das er seinem Hund gibt. Gegen rohes Fleisch kann der Hund keine Allergien entwickeln und gesundheitliche Probleme werden dadurch minimiert.

Doch die Futtermittelindustrie und einige Tiermediziner sehen einige Gefahren in dieser Art der Ernährung. Durch die Fütterung von rohem Fleisch soll der Hund unter Mangelernährung leiden, weil ihm wichtige Nährstoffe fehlen. Für die richtige Zusammenstellung eines Futtermittels bräuchte man gute Kenntnisse aus der Futtermittelkunde. Weitere Bedenken sind, dass die falsche Anwendung dieser Ernährung zu gesundheitlichen Problemen und Krankheiten führen kann.

Ernährung mit Trockenfutter

Trockenfutter hat für den Hundehalter einige Vorteile. Es ist günstiger und die Wohnung bleibt nach der Fütterung sauber. Wenn etwas neben dem Futternapf landet, ist es leicht zu säubern. Deshalb greifen viele Hundehalter gerne zum Trockenfutter. Zusätzlich wird oft behauptet, dass nur die Fütterung von Trockenfutter dem Hund alle Nährstoffe liefern würde, die er braucht. Diese Meinung wird von den Lebensmittelherstellern gerne verbreitet. Schließlich wollen sie Geld verdienen.

Diese Art der Ernährung steht allerdings sehr in der Kritik, da sie nicht artgerecht ist. Den Hunden schmeckt das Trockenfutter nicht so gut wie rohes Fleisch. Beim Trockenfutter weiß der Halter nie genau, was wirklich darin steckt.

Was ist die richtige Ernährung?

Diese Frage ist bei Hundehaltern sehr umstritten. Allgemein sollte sich jeder Tierhalter die Frage stellen: Wie lebt mein Tier in der Natur?

Tiere wissen, was sie wollen. In der Natur essen sie genau das, was sie benötigen. Für die Hundehaltung solltest du dich deshalb auf die Vorfahren deines Hundes konzentrieren. Das sind die Wölfe. In der Natur essen Wölfe Fleisch, und zwar roh. Doch tatsächlich essen sie auch Früchte. Das bedeutet, die Nahrung deines Hundes sollte etwas durchmischt sein und sich nicht ausschließlich auf rohes Fleisch beschränken. Trockenfutter ist allerdings die falsche Wahl, denn diese Art der Ernährung ist alles andere als artgerecht. In der Natur würde kein Wolf jemals Trockenfutter essen. Das liegt daran, dass es nicht schmeckt. Kein Tier auf der Welt sollte Trockenfutter untergejubelt bekommen. Stell dir vor, jemand würde dir jeden Tag kleine Kügelchen zu Essen geben, die alle Nährstoffe enthalten, die du benötigst. Sie würden immer gleich schmecken und du würdest sie rund um die Uhr essen. Du könntest nie wieder Gemüse, Obst, Schokolade oder Nudeln essen. Nur noch die Kügelchen. Würde dir das gefallen? Vermutlich nicht. Deshalb tu das auch nicht deinem Hund an. Er ist keine Maschine, die mit allen Nährstoffen versorgt werden muss, egal wie. Er ist ein lebendes Wesen, das sich über leckeres und abwechslungsreiches Futter freut.

Die richtige Ernährung beruht daher tatsächlich auf viel Fleisch. Wenn du zwischendurch Trockenfutter geben möchtest, kannst du das tun. Allerdings sollte dein Hund sich nicht den ganzen Tag nur davon ernähren. Du musst ihm Abwechslung bieten. Trinken sollte er ausschließlich Wasser ohne Kohlensäure.

Du solltest deinen Hund regelmäßig füttern. Das sorgt dafür, dass er eine Routine entwickeln kann und sich sicher fühlt. Außerdem ist das für seine Verdauung besser. Dadurch, dass der Körper des Hundes weiß, wann er gefüttert wird, stellt er sich darauf ein. Das Hungergefühl wird zu der Zeit eingestellt, zu der die Fütterung ansteht. Das sorgt dafür, dass der Hund zu anderen Zeiten des Tages gesättigt und ausgeglichen ist.

Am besten fütterst du deinen Hund, wenn du selbst isst. Dadurch bettelt er dich nicht an, weil er mit seinem eigenen Futter beschäftigt ist. Ein ausgewachsener Hund sollte zweimal am Tag gefüttert werden. Mit Spaziergängen und natürlich auch Sport sollte nach dem Essen gewartet werden. Dein Hund braucht etwas Ruhe für die Verdauung.

Wie viel Futter braucht mein Hund?

Um die Futtermenge, die dein Hund benötigt, zu berechnen, müssen mehrere Dinge bedacht werden. Ein wichtiger Faktor ist das Alter. Welpen sind noch im Wachstum und benötigen daher mehr Futter und Nährstoffe. Als die optimale Futtermenge werden daher 6 % des Körpergewichts berechnet. Dies ist selbstverständlich nur eine theoretische Berechnung. Dein Hund weiß selbst am besten, was er benötigt. Wenn er nach der Fütterung noch hungrig ist, sollte er mehr Futter bekommen, damit sein Wachstum nicht behindert wird.

Für einen erwachsenen Hund werden 2-3,5 % des Körpergewichts an Futter benötigt. Selbstverständlich ist diese theoretische Rechnung nicht sehr genau. Wie viel Futter dein Hund braucht, hängt von weiteren Faktoren ab. Einer davon ist die Bewegung. Schließlich benötigt ein Hund, der sich sehr viel bewegt, mehr Futter. Sehr wenig Bewegung ist es, wenn ihr täglich nur etwa eine Stunde mit ihm unterwegs seid. Viel Bewegung sind hingegen 2,5 bis 3 Stunden täglich. Wenn du einen langen Tag mit deinem Hund vor dir hast, an dem ihr euch viel bewegt, solltest du ihn mit etwas mehr Futter versorgen als an einem Tag, an dem ihr größtenteils zu Hause gesessen habt.

Hunde, die kastriert sind, nehmen schneller zu. Wenn dein Hund kastriert ist, musst du ihn etwas vorsichtiger füttern. Einen ähnlichen Effekt haben auch läufige Hündinnen. Wenn sie sich in dieser Zeit weniger bewegt, braucht sie natürlich auch weniger Futter. Angeblich nehmen Hündinnen auch schneller zu, wenn sie läufig sind.

Genau gegenteilig solltest du handeln, wenn deine Hündin schwanger ist. In diesem Fall wächst in ihr ein neues Leben heran. Das solltest du unterstützen, indem du ihr mehr Futter gibst und sie auch mit natürlichen Zusätzen versorgst.

Auch Einfluss auf die Futtermenge hat der Fellwechsel. Das ist für den Hund eine anstrengende Prozedur, für die er Energie braucht. Deshalb solltet ihr ihn mehr füttern, wenn er sein Fell wechselt. Besonders anstrengend ist dies natürlich für Hunde mit sehr viel Fell.

Wann ist mein Hund zu dick?

Gerade für Anfänger in der Hundehaltung ist es oft schwer zu durchblicken, wann der Hund normalgewichtig ist und wann nicht. Manche neigen dazu, besonders viele Leckerlies zu füttern, weil der neue Freund so süß darum bettelt und andere füttern zu wenig, um ihren Hund davor zu schützen, zu dick zu werden. Es ist nicht ganz einfach, die richtige Menge an Futter und Leckerlies einzuschätzen.

Es gibt leider keine allgemeine Aussage, an der man bei jedem Hund erkennen kann, ob er zu dick oder zu dünn ist.

Das ist bei jeder Rasse unterschiedlich. Windhunde, die dafür gemacht sind, sich sehr viel zu bewegen, haben von Natur aus eine schlanke Figur und werden schnell als zu dünn eingestuft, obwohl sie normalgewichtig sind.

Möpse wiederum sehen schnell dick aus, obwohl sie nur muskulöse sind. Hunde, die viel Fell haben, sehen auch schnell dicker aus, als sie eigentlich sind. Am besten beurteilen kann man das Gewicht des Hundes, wenn man sie anfasst. Wenn ihr am Brustkorb die Rippen fühlen könnt, und gleichzeitig merkt, dass darüber eine leichte Fettschicht liegt, ist alles in Ordnung. Wenn die Rippen stark hervorstehen, ist der Hund zu dünn. Sind die Rippen unter einer dicken Fettschicht versteckt oder kaum noch zu ertasten, ist der Hund zu dick. Weitere Anzeichen dafür, dass er übergewichtig ist, sind ein hängender Bauch und das Verschwinden der Taille.

Wenn der Hund zu dick ist und nichts dagegen unternommen wird, kann das bei dem Hund zu gesundheitlichen Problemen führen. Es können sich einige Krankheiten daraus entwickeln, die deinen Hund einschränken und dir eine Menge Arbeit machen und hohe Tierarztkosten verursachen. Das solltest du dir bewusst machen, bevor du dem bettelnden Blick deines Hundes nachgibst. Jeder Tierhalter kennt dieses Gefühl, wenn man unter den großen Augen dahinschmilzt. In diesem Fall solltest du dir dennoch gut überlegen, ob es sich dein Hund leisten kann, das Leckerlie zu bekommen. Du tust etwas viel Besseres für ihn, wenn du dafür sorgst, dass er sein normales Gewicht behält, als wenn du ihn ständig mit Futter vollstopfst.

Besonders die Leckereien, die es zwischendurch gibt, machen einen Unterschied. Da sie über den Tag verteilt gefüttert werden und so schnell verschlungen sind, hat der Halter oft nicht das Gefühl, dass dies einen großen Unterschied macht, aber das tut es. Damit sollte unbedingt sparsam umgegangen werden.

Solltest du feststellen, dass dein Hund zugelegt hat, setze ihn bitte nicht sofort auf Diät. Vorher solltest du dir überlegen, wie viele Leckereien du ihm zwischendurch gibst, wenn ihr Tricks übt, er süß guckt oder du ihn von einer schwierigen Situation ablenken möchtest. Das ist die erste Einsparmöglichkeiten an Kalorien. Wenn es dir schwerfällt, die Leckerlies zu rationieren, dann kann es helfen, wenn du die tägliche Menge abwiegst und in kleine Dosen verpackst. Wenn du genau vor Augen hast, wie viel du füttern darfst, ist es einfacher, die Menge einzuhalten.

Generell gilt, dass du bei diesem Thema auf deinen Hund hören solltest. Wenn du den Napf füllst und er nicht direkt frisst, dann lasse das Futter drin und warte ab, ob er später Hunger hat. Wenn er an einigen Tagen weniger Appetit und an anderen mehr Appetit hat, ist das auch in Ordnung. Das ist natürlich. Die richtige Futtermenge kannst du anfangs gar nicht kennen. Du musst deinen Hund kennenlernen und lernen, ihn zu verstehen. Irgendwann weißt du, wie viel er braucht.

Gesellschaft

Gründe für Zweithund

Ein zweiter Hund sollte nie aus egoistischen Gründen angeschafft werden. Wenn der erste Hund sich zum Beispiel nicht so verhält, wie du es dir wünscht, denkst du vielleicht daran, einen weiteren Hund dazu zu holen, der einen positiven Einfluss auf den bereits vorhandenen Hund hat. Das wäre eine schlechte Entscheidung, da sich der neue Hund eher an den alten anpasst als andersherum.

Einen zweiten Hund aus Zeitmangel anzuschaffen, ist ebenfalls keine gute Idee. Wenn die beiden viel alleine sind und sich selbst beschäftigen müssen, kommen sie schnell auf Dinge, die dich vielleicht nicht glücklich machen. Außerdem müssen zwei Hunde nach einer Vergesellschaftung und auch dauerhaft gut beobachtet werden. Ansonsten könnten Anzeichen eines Streits übersehen werden, was schrecklich enden könnte.

Ein weiterer Hund kostet eher mehr Zeit als weniger. Schließlich müssen beide nicht nur Auslauf bekommen, sondern auch beschäftigt werden. Dafür musst du dir für jeden Hund extra Zeit nehmen.

Manche Menschen holen sich einen neuen Hund, weil der alte krank oder schwach geworden ist und sie sich einen jüngeren Hund wünschen. Gerade für einen geschwächten Hund ist dies sehr schlecht. In diesem Zustand braucht er seine Routine, viel Ruhe und Aufmerksamkeit vom Menschen. Ein neuer junger Hund wäre viel zu viel Stress.

Wer sich einen weiteren Hund anschaffen will, sollte sich gut überlegen, weshalb er sich das wünscht, denn es gibt viele schlechte Gründe dafür. Nur Menschen, die mit ihrem derzeitigen Hund gut zurechtkommen und gerne einen zweiten Hund glücklich machen und einen guten Freund für ihren derzeitigen Hund möchten, sollten sich einen weiteren Hund holen. Es sind gute Voraussetzungen, wenn der erste Hund entspannt und gut erzogen ist und keine Verhaltensprobleme zeigt. Außerdem solltest du natürlich viel Zeit haben, um dich um beide Hunde gut kümmern zu können.

Braucht mein Hund einen Partner?

Anders als bei Katzen, können Hunde allein gehalten werden. Der Grund dafür ist ganz einfach. Katzen bekommen in der Regel keinen Auslauf und sitzen nur in der Wohnung. Hunde wiederum können regelmäßig nach draußen und lernen dort andere Hunde kennen. Oft treffen Hundehalter sich auch miteinander, damit die Hunde miteinander spielen können. Dadurch haben Hunde auch Sozialkontakte zueinander, wenn sie einzeln gehalten werden. Es sollte nie vergessen werden, dass ein Mensch kein Ersatz für ein anderes Tier sein kann. Wir können uns nie so mit unserem Hund unterhalten oder mit ihm spielen wie es ein anderer Hund tut. Es ist zwar sehr beliebt, Katzen einzeln zu halten. Doch leider ist das total falsch und führt dazu, dass diese Tiere traumatisiert werden und nie wieder in der

Lage sind, mit anderen Katzen zu interagieren. Auch hier kannst du dir überlegen, wie es dir damit gehen würde, wenn du als einziger Mensch unter Hunden leben würdest. Für den Rest deines Lebens. Du würdest gerne mit den Hunden spielen, aber du würdest viele Interaktionen vermissen, die nur mit anderen Menschen möglich sind. Jeder Mensch würde in dieser Situation durchdrehen und genauso geht es dem Hund oder der Katze.

Ein Hund kann daher allein gehalten werden, wenn er genügend Auslauf und Kontakt zu anderen Hunden bekommt.

Dennoch wünschen sich manche Hundebesitzer einen zweiten Hund. Dadurch hat der Hund einen Freund, wenn der Besitzer mal für mehrere Stunden nicht zu Hause ist. Zwei Hunde, die zusammenleben, entwickeln natürlich eine viel intensivere Beziehung als Hunde, die sich nur einmal die Woche sehen. Dadurch kann ein zweiter Hund das Leben des bereits vorhandenen Hundes stark bereichern. Es ist allerdings nicht immer einfach, einen neuen Hund in den Haushalt einzuführen.

Welcher Hund passt am besten?

Wenn ein zweiter Hund in den Haushalt einziehen soll, ist es wichtig, sich das vorher gut zu überlegen. Der Halter muss seinen bereits vorhandenen Hund gut kennen, um seine Reaktionen einschätzen zu können. Zusätzlich ist es wichtig, dass er gut erzogen ist und auf seinen Besitzer hört.

Eine Vergesellschaftung klappt immer besonders gut, wenn die Hunde gemeinsam in ein neues Zuhause ziehen. Dadurch nimmt keiner der beiden das Reich für sich in Anspruch.

Bei der Auswahl eines zweiten Hundes muss einiges beachtet werden. Die Rasse ist dabei weniger wichtig als der Charakter des Hundes. Du solltest dir dabei den Spruch „Gegensätze ziehen sich an“ zu Herzen nehmen. Am besten verstehen sich zwei Hunde, wenn ihre Charaktere sich ergänzen. Ein sehr dominanter Hund sollte niemals einen ebenso dominanten Hund vorgesetzt bekommen, sondern eher einen zurückhaltenden.

Das trifft natürlich nicht auf alle Charaktere zu. Ein bewegungsfreudiger Hund, der gerne viel spielt, kann mit einem ruhigen Hund zum Beispiel weniger anfangen.

Ein weiterer Faktor bei der Auswahl des Hundes ist das Geschlecht. Am besten verstehen sich eine Hündin und ein Rüde. Selbstverständlich muss der Mann kastriert werden, damit keine ungewollten Welpen entstehen. Bei gleichgeschlechtlichen Paaren kommt es eher zu Konkurrenzkämpfen.

Selbstverständlich ist auch das Alter wichtig zu betrachten. Zwei Welpen zu vergesellschaften, ist am einfachsten, da diese noch nicht so territorial sind. Die beiden können dann zusammen aufwachsen, was zu einer starken Bindung führt. Soll ein älterer Hund einen neuen Partner bekommen, ist es hilfreich, wenn der neue Hund etwas jünger ist. Der Altersunterschied darf jedoch nicht zu groß sein und sollte maximal bei 3 bis 4 Jahren liegen.

Vergesellschaftung

Wenn die Hunde das erste Mal aufeinandertreffen, sollte dies auf neutralem Boden stattfinden. Dafür eignet sich ein Park oder das Tierheim. Dabei lässt sich auch gut beobachten, ob die beiden sich verstehen.

Ist es schwierig, die beiden Hunde gut einzuschätzen, ist es ratsam, die Hunde aneinander zu gewöhnen, indem mehrmals die Decken ausgetauscht werden. Dadurch können die Hunde sich an den Geruch des anderen gewöhnen, ohne dass sie Kontakt zueinander haben.

Anschließend folgt das Treffen auf neutralem Boden. Diese Treffen werden mehrmals wiederholt. So können die Hunde sich aneinander gewöhnen.

Wenn der neue Hund einzieht, sollte er ein Kissen oder eine Decke, die er gerne benutzt, mitnehmen können. Dadurch hat er einen Rückzugsort im neuen Zuhause, den er kennt und wo er sich wohlfühlt.

Bevor sich beide Hunde in der Wohnung treffen, ist es ratsam, einen langen Spaziergang mit ihnen zu machen.

Ein häufiges Problem mit einem neuen Hund ist die Eifersucht beim alten Hund. Das ist vergleichbar mit einem Einzelkind, das ein Geschwisterkind bekommt. Deshalb ist es wichtig, dem alten Hund besonders viel Aufmerksamkeit zu geben, damit er sich nicht vernachlässigt oder zurückgesetzt fühlt. Es sollte auch die natürliche Rangordnung unterstützt werden. Der Hund, der bereits länger dort wohnt, bekommt zuerst sein Futter und Kuscheleinheiten.

Wenn ein Welpe als Zweithund einzieht, bietet es sich auch an, vorher die Gerüche auszutauschen. An dem Tag, an dem der Welpe einzieht, sollte er die Möglichkeit bekommen, sein neues Zuhause allein zu erkunden. Der alte Hund sollte erst später dazukommen. Es ist besser, wenn er angeleint ist, damit er den Welpen nicht überfordert. Dieser ist schließlich noch jung und hat kaum Erfahrungen gemacht. Ein neues Heim, der Verlust der Familie und ein neuer größerer Hund, der auf ihn zugestürmt kommt, sind etwas viele Veränderungen. Der Neuling könnte das falsch verstehen.

Ob nun ein ausgewachsener oder ein junger Hund einzieht, die beiden müssen nach der Vergesellschaftung gut beobachtet werden. Beide müssen einen festen Schlafplatz haben und wenn der neue Hund es sich im Schlafplatz des alten gemütlich macht, ist es besser, ihn davon abzuhalten. Der alt eingesessene Hund könnte dies als Eingriff in sein Territorium verstehen.

Sehr interessant zu beobachten ist es, ob der alte Hund es akzeptiert, wenn der Neuling sich an seinem Spielzeug vergreift. Wenn du denkst, dass dies zu Auseinandersetzungen führen könnte, sollte das Spielzeug lieber versteckt werden.

Wenn ein Welpe neu eingezogen ist, solltest du bei der Fütterung sehr vorsichtig sein. Der junge Hund kennt es, dass er sich aus anderen Futternäpfen bedienen kann. Der alte Hund wird dies aber vermutlich nicht so witzig finden. Deshalb kann es hilfreich sein, die Fütterung in verschiedenen Räumen durchzuführen. Das ist nur nötig, wenn du denkst, dass du es nicht schaffst, den Welpen vom Futternapf des alten Hundes fernzuhalten.

Die beiden Hunde müssen dauerhaft gut beobachtet werden. Manchmal tauchen Probleme auch erst nach einiger Zeit auf. Wenn sie sich auflauern, oft streiten oder der eine vom anderen gemobbt wird, muss ein Hundetrainer hinzugezogen werden. Sollte selbst das nicht helfen, scheinen die Hunde nicht zueinander zu passen und müssen wieder getrennt werden.

In der Regel verläuft eine Vergesellschaftung jedoch problemlos.

Was beachtet werden muss

Selbstverständlich steigen die Kosten, wenn ein zweiter Hund angeschafft wird. Wie bereits erwähnt, muss der Vermieter bei einem zweiten Hund erneut um Erlaubnis gebeten werden.

Für zwei Hunde ist ein Garten besser geeignet. Dort haben sie mehr Platz und können viel miteinander spielen. Sie brauchen jedoch unbedingt beide einen getrennten Rückzugsort, damit sie ihre Ruhe haben können, wenn sie das brauchen.

Auslauf

Hunde brauchen sehr viel Auslauf. Das ist vermutlich allen Menschen bewusst. Für die meisten ist jedoch nicht ganz klar, wie oft sie mit ihrem Hund Gassi gehen müssen und wie sie den Auslauf am besten gestalten.

Wie viel Auslauf braucht ein Hund?

Wie viel Auslauf der Hund braucht, ist unterschiedlich. Es hängt von der Rasse und vom Charakter ab. Ein durchschnittlich großer und fitter Hund muss dreimal am Tag eine Runde Gassi gehen. Jeder dieser Spaziergänge sollte etwa 50 Minuten dauern. 15 Minuten davon sollten intensiv mit dem Hund gespielt werden, damit er ordentlich rennen, springen und sich auspowern kann. Zusätzlich kann es nötig sein, ihn kurz vor die Tür zu lassen, damit er sein Geschäft erledigen kann. Das zählt natürlich nicht als Auslauf.

Natürlich variieren diese Angaben. Ein alter Hund braucht zum Beispiel weniger Auslauf als ein durchschnittlicher Hund.

Unterschiede gibt es auch beim Körperbau. Desto massiger ein Hund gebaut ist, desto weniger Auslauf braucht er.

Selbstverständlich können sich kranke oder verletzte Hunde nicht so viel bewegen wie sonst. In dem Fall wird dein Hund dir zeigen, wie viel Auslauf er braucht.

Beim Auslauf gibt es verschiedene Intensitäten. Wenn der Hund nur langsam an der Leine neben seinem Besitzer herläuft, ist das nicht so fordernd und er benötigt längere Spaziergänge. Anders sieht es aus, wenn du mit deinem Hund joggst, rennst oder Fahrrad fährst. Dies powert ihn ordentlich aus und die Spaziergänge können dann natürlich deutlich kürzer sein.

Hunde können, genau wie wir, unsere Kondition ausbilden. Ist er es nicht gewohnt, neben dem Fahrrad herzulaufen, wird er schnell erschöpft sein. Wenn das regelmäßig trainiert wird, hält er immer länger durch. Das sollte allerdings nicht falsch verstanden werden. Es gibt Menschen, die gehen wenig mit ihrem Hund spazieren und behaupten, er wäre es gewohnt und würde lange Spaziergänge deshalb gar nicht vermissen. Das ist natürlich nicht ganz richtig. Der Hund wird nicht glücklich sein, wenn er zu wenig raus kann und zu wenig Beschäftigung hat. Nur die Kondition kann aus- und abgebaut werden, nicht der Drang nach Auslauf und Beschäftigung. Das Gassi gehen ist für Hunde nicht nur wichtig, um sich zu bewegen, sondern auch, um den Geist anzuregen.

Damit sich der Hund beim Spazierengehen nicht langweilt, sollten immer andere Wege gegangen werden. Dadurch ist es für den Hund aufregender und spannender und er ist durch die Aufregung geistig schneller ausgelastet. Auch dem Menschen macht der Auslauf dadurch mehr Spaß.

Große Unterschiede gibt es natürlich auch bei der Hunderasse. Es hat jedoch nichts damit zu tun, wie groß oder klein die Hunde sind. Einige kleine Hunde benötigen sehr viel mehr Auslauf als manche große Hunde.

Gerade Hunderassen, die als Jagdhunde gezüchtet wurden, müssen sich sehr viel bewegen können. Ruhige Hunde, die sich eher als Begleithund eignen, brauchen weniger Auslauf.

Zu den Hunderassen, die besonders viel Auslauf brauchen, zählen der Border Collie, der Dalmatiner, der Golden Retriever, der Husky und der Weimeraner.

Was immer dabei sein muss

Wenn du mit deinem Hund spazieren gehst, gibt es ein paar Dinge, die du immer im Rucksack oder der Tasche haben solltest. Dazu gehören natürlich Kotbeutel, damit du die Ausscheidungen von deinem Hund entsorgen kannst und sie nicht auf dem Gehweg liegen bleiben.

Sehr wichtig ist auch ein Handtuch, falls dein Hund in eine Pfütze oder einen Teich springt. Selbstverständlich darfst du nie das Spielzeug und die Leckerlies vergessen. Die sind für einen aufregenden Spaziergang unverzichtbar.

Bei jedem Spaziergang muss außerdem die Leine dabei sein.

Sport mit dem Hund

Wer seinen Hund richtig auslasten und die Spaziergänge etwas kürzer halten möchte, hat die Möglichkeit, mit seinem Hund Sport zu machen. Denn wenn die Intensität der Spaziergänge erhöht wird, kann die Dauer verkürzt werden. Gemeinsamer Sport stärkt außerdem eure Bindung und macht dem Hund sehr viel Spaß. Dir bringt es zusätzlich etwas, denn viel Sport ist nicht nur für Hunde, sondern auch für Menschen gesund.

Wenn du mit deinem Hund joggen gehen möchtest, achte darauf, dass ihr beide nicht mit vollem Magen loslauft. Es darf beim Laufen auch keine Leckerlies für den Hund geben. Am Anfang sollte mit sehr schwachem Tempo gestartet werden, das langsam erhöht wird. Du solltest dich dabei immer an deinen Hund anpassen.

Hilfreich kann dabei eine Leine sein, die an deinem Gürtel befestigt wird. Dadurch könnt ihr entspannt nebeneinander laufen.

Wald- und Wiesenwege sind zum Joggen deutlich besser geeignet, weil sie, im Gegensatz zu Asphalt, die Gelenke schonen.

Wenn du viel Zeit hast und gerne wandern gehst, kannst du das auch zusammen mit deinem Hund tun. Dafür solltest du ihn natürlich langsam daran gewöhnen und auf seine Kondition achten. Lege genügend Pausen ein. Wanderungen mit dem Hund eignen sich besonders gut für gemeinsame Urlaube.

Beliebt ist auch gemeinsames Fahrradfahren. Dafür ist es wichtig, dass er sehr gut erzogen ist und auf deine Kommandos hört.

Die Leine darf nicht am Lenkrad befestigt werden. Das ist zu gefährlich für euch beide. Besser geeignet sind Abstandhalter. Die werden am Hinterrad befestigt und halten die Leine. Dadurch hast du die Hände frei und der Hund hält einen sicheren Abstand zum Fahrrad. Kleine Hunde sollten besser im Fahrradkorb reisen. Wenn die Fahrradtour sehr lange geht, sollte der Hund zwischendurch im Fahrradkorb sitzen können. Schließlich haben selbst die keine unendliche Ausdauer.

Mit deinem Hund kannst du auch Frisbee spielen. Für die Sportart „Dog Frisbee“ gibt es inzwischen sogar Wettkämpfe. Eine Abwandlung davon ist das Discdogging. Dabei geht es nicht nur darum, dass der Hund die Frisbee fängt, sondern dass zusätzlich eine Choreografie einstudiert wird. Der Hund interagiert dabei mit dem Menschen und ergattert am Ende von jedem Trick die Frisbee. Dadurch macht dies dem Menschen auch sehr viel Spaß.

Inzwischen wird auch Mantrailing als Sportart ausgeübt. Normalerweise machen das nur Polizeihunde, um anhand des Geruches eine vermisste Person zu finden. Allerdings eignet es sich auch sehr gut für Privathunde. Sie werden dadurch nicht nur körperlich, sondern auch geistig ausgelastet und können ihre innersten Instinkte nutzen. Zusätzlich stärkt es die Bindung zwischen dem Menschen und dem Hund.

Eine weitere interessante Sportart ist der Hürdenlauf. Dabei gibt es mehrere Hindernisse, die der Hund durch Springen und Slalomläufe überwinden muss.

Abwechslung

Der Auslauf sollte nicht nur halbherzig hingenommen werden, sondern wirklich abwechslungsreich und aufregend gestaltet werden. Nur so hat der Hund Spaß und ist zufrieden, wenn ihr wieder in der Wohnung seid.

Wenn dir mal die Ideen für neue Routen ausgehen, kannst du im Internet recherchieren oder andere Hundehalter in deiner Nähe nach interessanten Orten für einen Spaziergang fragen.

Abwechslung kann auch durch unterschiedliche Spiele in den Auslauf gebracht werden. Es reicht oft schon, Leckerlies im Gras zu verstecken oder mit einem Ball zu spielen. Aber auch die verschiedenen Sportarten können sich beim Gassi gehen abwechseln.

Es gibt Hundehalter, die sich regelmäßig miteinander treffen. Dadurch hast nicht nur du Leute, mit denen du dich unterhalten kannst, sondern auch dein Hund hat regelmäßige Spielgefährten. Wenn diese Treffen einmal die Woche stattfinden, ist das auch immer eine schöne Abwechslung zum Gassi gehen zu zweit.

Muss der Hund bei jedem Wetter raus?

Für uns Menschen ist es sehr unangenehm, bei besonders kaltem oder warmem Wetter raus zu gehen. Müsste es dem Hund nicht genauso gehen?

Ja, dem Hund macht extremes Wetter auch zu schaffen. Regen stört ihn nicht sonderlich. Aber bei extremen Temperaturen sollten die Spaziergänge etwas kürzer gehalten werden. Dein Hund kann frieren und sogar zittern. Wenn du merkst, dass er zittert, langsam geht, sich verkrampft und sich versucht, an dir zu wärmen, solltest du handeln und ihn ins Warme bringen. Für sehr kalte Winter kann ein Hundemantel gute Dienste leisten.

5-10°C sind für alle Hunde angenehm. Für kleine Hunde, die weniger als 10 kg wiegen wird es ab 5°C kalt und ab unter 0°C frieren sie.

Mittelgroße Hunde, die zwischen 10 und 25 kg wiegen, empfinden das Wetter ab 5°C als kalt und frieren ab unter -5°C.

Über 25 kg gilt dein Hund als groß. Diese Hunde empfinden das Wetter ab 5°C als kalt und frieren ab unter -10°C.

Dies ist natürlich nur ein Richtwert. Du solltest immer darauf achten, wie sich dein Hund verhält. Dein Hund muss auch bei kalten Temperaturen nach draußen. Es ist keine Ausrede, um die Spaziergänge ausfallen zu lassen. Bei kalten Temperaturen ist es dennoch für den Hund schöner, wenn der Auslauf kürzer gehalten ist. Wenn das Wetter deutlich unter 0 °C sinkt, solltest du deinem Hund einen Wintermantel überstreifen und ihm ein paar Schuhe besorgen.

Wenn du nach einem Spaziergang bei kalten Temperaturen nach Hause kommst, trockne deinen Hund gut ab und wische seine Pfoten sauber und trocken. Dann sag ihm, er soll sich auf seine Decke legen, damit seine Füße warmgehalten werden. Ansonsten kann er eine Lungen- oder Blasenentzündung bekommen.

Ist er sehr kalten Temperaturen für eine lange Zeit ausgesetzt, kann es zu einer Hypothermie kommen. Das bedeutet, dass die Körpertemperatur deines Hundes absinkt und ist sehr gefährlich. Deshalb solltest du immer sofort reagieren, wenn dein Hund zeigt, dass ihm kalt ist.

Gerade im Winter ist es wichtig dafür zu sorgen, dass dein Hund sich besonders viel bewegt beim Auslauf, denn Bewegung hält warm. Du solltest du ihn langsam an diese Bewegung heranführen, damit sein Körper sich langsam aufwärmen kann.

Besonders heißes Wetter kann deinem vierbeinigen Freund auch sehr zu schaffen machen. Hunde schwitzen nicht so intensiv wie wir. Schweißdrüsen befinden sich bei ihnen nur in den Pfoten. Wenn du siehst, dass er auf trockenem Boden feuchte Pfotenabdrücke hinterlässt, weißt du, dass er schwitzt.

Die Spaziergänge sollten bei sehr warmen Temperaturen kürzer gehalten werden. Vor allem ist es besser, auf sportliche Aktivitäten zu verzichten. Du solltest außerdem immer eine Flasche Wasser und einen Reisenapf dabeihaben. Um die Pfoten von deinem Hund zu schonen, lauf lieber im Schatten mit ihm und lasse ihn nicht über heiße Asphaltplatten oder aufgeheizten Sand laufen. Wenn du den Boden mit deiner Hand anfasst und er für dich zu warm ist, dann geht es deinem Hund genauso.

Die Zeit für den Auslauf spielt dabei auch eine Rolle. Zur wärmsten Zeit des Tages solltet ihr euch lieber in der Wohnung verkriechen und dafür lieber morgens und abends raus gehen. Creme die empfindlichen Stellen von deinem Hund mit Sonnencreme für Hunde ein. Dazu gehören die Nase, die Ohrenränder, der Bauch und die Oberschenkel.

Bei warmem Wetter hilft es auch, wenn du ihn oft bürstest. Dadurch lösen sich einige Haare und die Körperwärme kann besser entweichen.

Wenn du einen Garten hast und dein Hund alleine draußen sein darf, achte bei hohen Temperaturen darauf, dass er nicht zu lange in der Sonne liegen bleibt.

Besonders empfindlich auf warme Temperaturen reagieren Hunde mit kurzen Nasen, mit Übergewicht, ältere Hunde und Welpen.

Im Urlaub solltest du deinen Hund nur in Wasser schwimmen lassen, das sauber ist. Ansonsten kann es durch Blaualgen oder anderen Bakterien zu Krankheiten oder Vergiftungen kommen.

Wenn dein Hund stark hechelt, sehr träge ist und eine erhöhte Körpertemperatur hat, sind das Anzeichen dafür, dass er überhitzt ist. Auch Erbrechen kann darauf hindeuten.

In dem Fall solltest du ihn schnell in den Schatten bringen und mit feuchten Tüchern abkühlen. Am effektivsten sind sie am Bauch. Er sollte nicht komplett damit bedeckt werden, da er sonst seine Temperatur nicht selbst regulieren kann. Rufe auch unbedingt einen Tierarzt an.

Auslauf in der Stadt

Wenn du mit deinem Hund in der Stadt an vielbefahrenen Straßen läufst, sollte er immer an der Leine sein. Einerseits für die Sicherheit des Hundes, andererseits aus Rücksichtnahme auf die anderen Menschen. Es kann sein, dass dein Hund absolut ungefährlich ist. Trotzdem gibt es Menschen, die Hunde einfach nicht mögen und sich unwohl dabei fühlen, von einem angesprungen oder auch nur beschnüffelt zu werden. Darauf musst du achten. Wenn dein Hund die Stadt vorher nicht kannte, kann eher dadurch verunsichert sein.

Das ist nur ein weiterer Grund, ihn an der Leine zu führen.

Beim Spaziergang solltest du mit deinem Hund nicht nur durch die Straßen und Fußgängerwege führen. Der Asphalt ist für Hundepfoten auf Dauer nicht gut. Deshalb sollte jeder Auslauf in einem Park enden. Das ist für die Pfoten von deinem Hund besser und ihr beide könnt etwas die Natur genießen. Außerdem trifft man dort oft auf andere Hundehalter. Am besten ist es, wenn du in einen Hundepark gehst, wo dein Hund freilaufen darf. So kannst du ihn von der Leine lassen, ohne ein Bußgeld zu riskieren.

Welpen

Jeder, der sich einen Hund anschafft, wünscht sich vermutlich, einen Welpen aufnehmen zu können. Die süßen kleinen Gesichter und die tapsigen Bewegungen sind einfach zu niedlich. Doch einfach in der Haltung sind die jungen Hunde nicht. Sie erfordern sehr viel Zeit und Aufmerksamkeit. Dessen muss sich jeder bewusst sein, der sich einen Welpen holen möchte.

Der Einzug

Wie bei einem ausgewachsenen Hund, muss die Wohnung von giftigen Pflanzen und gefährlichen Gegenständen gereinigt werden. Zusätzlich musst du dir bei einem Welpen bewusst sein, dass er anfangs in der Wohnung sein Geschäft machen wird, da er vermutlich noch nicht stubenrein ist. Deshalb ist es ratsam, auf Teppiche zu verzichten.

Wenn Treppen in der Wohnung oder im Haus vorhanden sind, sollten sie gesichert werden, da sich Welpen damit am Anfang noch schwertun.

Für die erste Zeit musst du dir Urlaub nehmen, denn ein Welpe will rund um die Uhr betreut werden und eine Bindung zu dir aufbauen.

Bei der Autofahrt ins neue Zuhause sollte er auf einer Unterlage liegen, denn es kann sein, dass er vor Aufregung pinkelt. Wenn die Autofahrt etwas länger dauert, sollten viele Pausen eingelegt werden. Dadurch lernt er ständig neue Sachen kennen und verbindet die Autofahrt mit etwas positivem und nicht mit der Trennung von seiner Familie.

Genau wie bei erwachsenen Hunden, sollte der Welpe bei der Ankunft im neuen Heim in Ruhe gelassen werden, damit er seine neue Umgebung allein erkunden kann. Dabei wird er so aufgeregt sein, dass er kaum einen Gedanken an seine Hundefamilie verschwendet. Doch sobald die erste Nacht einbricht, kommt auch das erste Gefühl von Heimweh. In seiner Familie hat er nachts mit seiner Mutter und den Geschwistern gekuschelt. Deshalb solltest du ihn anfangs nicht allein schlafen lassen. Er braucht dich als Stütze, um das Heimweh zu überstehen. Lass ihn deswegen in deinem Bett schlafen, lege dich mit einer Matratze neben sein Körbchen oder schlaf mit ihm auf der Couch. Die Nähe wird ihm guttun. Mit der Zeit kann er dadurch den Trennungsschmerz überwinden und du kannst den Abstand beim Schlafen langsam vergrößern. So gewöhnt er sich daran, allein zu schlafen.

Auslauf

Sehr junge Hunde müssen anfangs etwa alle 3-4 Stunden ihr Geschäft erledigen. Das bedeutet, du musst ihn tagsüber und nachts regelmäßig nach draußen lassen. Dies ist ein wichtiger Punkt, der jedem bewusst sein sollte.

Bei den Spaziergängen sollte der Welpe nicht überfordert werden. Es darf noch nicht so intensiv mit ihm gespielt werden wie mit einem ausgewachsenen Hund, da die Muskulatur noch nicht so gut ausgebildet ist. In dem jungen Alter trainierst du deinen Hund zu stark, wenn du eine Stunde am Stück mit ihm spazieren gehst. Wenn die Muskeln erst einmal voll ausgebildet sind, wird er mehr Bewegung einfordern, als er es aus dem Welpenalter kennt. Übertreibe es daher nicht. Ein weiterer Grund für kurze Spaziergänge ist, dass dein Hund nicht mit neuen Reizen überfordert werden soll. Gib ihm auch die Möglichkeit, genug schlafen zu können, damit er sich von den aufregenden Spaziergängen erholen kann.

Da du mit einem sehr jungen Hund öfter raus gehen musst als mit einem erwachsenen, müssen die Spaziergänge ohnehin kürzer sein.

Sportarten, die man mit dem Hund gemeinsam ausüben kann, sind für erwachsene Hunde gedacht. Die Muskulatur und Knochen der Welpen sind damit noch überfordert. Genauso sieht es auch beim Treppensteigen aus. Um ihn daran zu gewöhnen, kann er hin und wieder ein paar Stufen allein bewältigen. Für ganze Treppen sollte er allerdings auf den Arm genommen werden.

Anderen Hunde, mit denen er spielen kann, sind im besten Fall ebenfalls Welpen und haben eine ähnliche Statur. Dadurch wird keiner verletzt.

Sozialisierungsphase

Mit etwa 8-12 Wochen ist dein Welpe in der Sozialisierungsphase. In dieser Zeit sollte er an alles gewöhnt werden, was ihm auch als erwachsener Hund begegnen wird. Dazu gehören alle Haushaltsgeräte, die regelmäßig benutzt werden, das Autofahren, das Fahren mit den öffentlichen Verkehrsmitteln, das Kennenlernen von anderen Menschen und Tieren und das Erkunden der näheren Umgebung. Er sollte Autos und viel befahrene Straßen kennenlernen und Erfahrung mit unterschiedlichen Hindernissen und Untergründen machen. An alle Pflegemaßnahmen, die das Tier später ertragen muss, sollte es jetzt gewöhnt werden. Das erleichtert dem Halter und dem Hund das Leben.

In dieser Zeit ist es auch hilfreich, Welpengruppen zu besuchen. Dort kann er lernen, mit anderen Hunden umzugehen. Allerdings muss damit vorsichtig umgegangen werden. Es gibt einige Hundetrainer, die davon abraten, weil es in diesen Gruppen sehr heftig zugehen kann. Junge Hunde sind noch nicht gut sozialisiert und deshalb kann es schnell zu Mobbing in Welpengruppen kommen. Manche Welpen sind total lieb und friedlich und nach mehreren Besuchen in einer dieser Gruppen plötzlich aggressiv, weil sie dort das Gefühl bekommen haben, sich immer hart durchsetzen zu müssen. Es gibt bei diesen Gruppen starke Qualitätsunterschiede. Eine gute Welpengruppe kann dem jungen Hund sehr helfen, wenn er zu Hause keinen Spielpartner hat, denn erwachsene Hunde spielen in der Regel nicht gerne mit Welpen. Er lernt, wie er sich mit anderen Hunden verhält, wann er Grenzen beim Spielen überschreitet und wie er kritische Situationen deeskalieren kann. Eine schlechte Welpengruppe könnte deinen Hund traumatisieren. Deshalb ist es wichtig, die richtige Gruppe auszuwählen.

Es muss darauf geachtet werden, dass ein qualifizierter Hundetrainer vor Ort ist, der die Gruppe im Auge behält, die Gruppe nicht zu groß ist, die Hunde vom Alter und Sozialverhalten zueinander passen, es Pausenzeiten vom Spielen gibt, die Hunde sich gegenseitig jagen und nicht nur alle auf einen gehen, du deinem Hund beim Spielen zugucken kannst und deinen Hund gegebenenfalls beschützen darfst, der Trainer dir deine Fragen beantworten kann und will und eine entspannte Atmosphäre herrscht.

In dieser Zeit muss dein Hund auch lernen, allein sein zu können. Dafür kannst du damit anfangen, kurz aus dem Zimmer zu gehen. Wenn er das akzeptiert, kannst du für ein paar Minuten die Wohnung verlassen und diese Zeit immer mehr ausdehnen.

Ganz wichtig ist, dass er in dieser Zeit nicht überfordert wird. Er lernt sehr viel und muss das alles verarbeiten können. Gehe deshalb behutsam vor und halte die Spaziergänge kurz. Um den Hund an das Auto oder die öffentlichen Verkehrsmittel zu gewöhnen, reicht eine Fahrt von etwa 10 Minuten aus. Auch das Spielen mit anderen Hunden muss nicht jeden Tag stattfinden.

Lasse ihn immer eine Weile in Ruhe, wenn er eine aufregende Zeit hatte, damit er es verarbeiten kann. Versuche ihm bloß nicht alles auf einmal beizubringen.

Die Entwicklung

Ab etwa vier Wochen kann der Welpe seine Umwelt komplett wahrnehmen und erforschen. In dieser Zeit fängt er an, von seiner Mutter zu lernen. Er schaut sich ihr Verhalten ab und spielt mit seinen Geschwistern

Wenn der Welpe acht Wochen alt wird, kann er abgegeben werden. Dort steckt er noch komplett in der Sozialisierungsphase und muss viel lernen. Diese Zeit prägt ihn für den Rest seines Lebens und darf deshalb nicht unterschätzt werden. Negative Erfahrungen in der Zeit haben einen besonders starken Einfluss auf sein Leben. Die Bindung zu dem Welpen kann hier gut gestärkt werden.

Ab der 13. Woche tritt der Welpe in seine rebellische Phase ein. Er testet gerne Grenzen aus und legt in seiner Gruppe die Rangordnung fest. Jetzt zeigt sich, ob er ein unterwürfiger oder ein dominanter Hund ist. In dieser Zeit muss der Mensch dem Hund zeigen, welchen Rang er in der Gruppe hat. Selbstverständlich muss dies auf eine liebevolle Art geschehen und niemals gewalttätig. Auch den Kindern muss gezeigt werden, wie sie mit dem Hund eine Rangordnung ausmachen, damit er sie später nicht als rangniedriger ansieht. Wie lange diese Phase andauert, ist bei jedem Hund unterschiedlich.

Im vierten Monat beginnt der Zahnwechsel bei deinem Welpen. Er verliert seine Milchzähne und bekommt neue Zähne. Das sollte gut beobachtet werden, damit sichergestellt werden kann, dass die neuen Zähne alle gut herauswachsen können. Wenn ein Zahn schief wächst, sollte sofort ein Tierarzt aufgesucht werden.

Um ihn beim Zahnwechsel zu unterstützen, hilft viel Kauspielzeug. Dadurch lockern sich die Milchzähne leichter.

Zerrspiele sollten in dieser Zeit vermieden werden, da dies dazu führen könnte, dass die neuen Zähne schief wachsen.

Etwa ab dem sechsten Monat kommt der Hund in die Pubertät. Das ist genauso wie beim Menschen eine ziemlich frustrierende Phase. Der Halter braucht viel Geduld, denn der Hund wird seine Grenzen erneut austesten und seine Position in der Gruppe in Frage stellen. Er wird in dieser Zeit anfangen, sein Territorium stärker verteidigen und zeigt erste sexuell motivierte Aggressionen.

Du musst deinem Hund jetzt zeigen, dass er dir nicht auf der Nase herumtanzen kann. Das bedeutet, du darfst niemals lockerlassen, wenn er nicht auf dein Kommando hört, sondern musst ihm zeigen, dass er damit nicht durchkommt. Nur so kannst du ihm zeigen, dass er auf dich zu hören hat. Diese Phase ist sehr entscheidend und sollte nicht auf die leichte Schulter genommen werden.

Auch hier gilt, dass niemals Gewalt angewendet werden darf und der Hund nicht angeschrien werden sollte. Das führt nur dazu, dass er dich nicht ernst nimmt.

Damit er Respekt vor dir hat, musst du Geduld beweisen und ihm zeigen, dass er dich nicht nervös machen kann.

Beißen

Das ist eine Angewohnheit, mit der in der Regel nur Menschen zu kämpfen haben, die einen Welpen adoptieren. Anfangs ist ihnen nicht bewusst, dass sie andere verletzen können, wenn sie ungehemmt zubeißen. Beim Spielen mit ihren Geschwistern stellen sie irgendwann fest, dass es Grenzen gibt. Auch beim Menschen muss der Welpe erst lernen, dass er vorsichtig sein muss. Die Menschenhaut kann schneller verletzt werden, deshalb muss der Welpe bei dir andere Grenzen setzen als bei anderen Hunden. Wenn ihm das nicht im jungen Alter beigebracht wird, kann dies später sehr gefährlich werden.

Dafür brauchst du ein Signalwort, das du immer benutzt, wenn dein Hund zu weit gegangen ist. Du musst es laut und bestimmend aussprechen, damit er sofort Bescheid weiß. Der Ton und die Körpersprache sind bei der Kommunikation mit dem Hund sehr wichtig. Verwirrend ist es für ihn, wenn du mehrere Wörter aneinanderreihst. Das ist nicht nötig, da er dich nicht versteht. Am besten hört er auf ein kurzes klares Kommando. Zusätzlich wird das Spielen abgebrochen, wenn er dich dort beißt, wo du es nicht möchtest. Wichtig ist, dass du klare Grenzen ziehst. Wenn du nach einem Biss von ihm in deine Hand das Spiel mal abbrichst und mal nicht, wird ihn das verwirren und er versteht die Grenze nicht.

Sollte er es anfangs nicht akzeptieren, dass du aufgehört hast zu spielen, kann es helfen, ihn anzuleinen. Auf keinen Fall darfst du inkonsequent handeln und dich von seinem spielerischen Wesen wieder mitreißen lassen. Er muss lernen, dass er dich nicht verletzen darf und dich respektieren muss. In sehr kritischen Fällen kann es helfen, das Alphatier zu spielen. Das bedeutet, du knurrst ihn an, tust so, als würdest du zuschnappen und drückst ihn kurz zu Boden. Selbstverständlich darf ihm das nicht wehtun. Diese Maßnahmen sind auch in der Natur nur eine Einschüchterung und Zurechtweisung und das soll es auch in diesem Fall sein. Er lernt, dass du der stärkere bist und er auf dich hören muss. Nachdem du ihm erfolgreich mitgeteilt hast, dass er zu weit gegangen ist, lässt du ihn sitzen und beschäftigst dich mit etwas anderem. Nach einer Weile kann das Spiel wieder losgehen. Aber auch dieses Mal darf er nicht zu weit gehen. Mit der Zeit entwickelt der Welpe eine Beißhemmung. Er merkt, dass er anderen wehtut, wenn er zubeißt und nutzt seine Zähne daher nicht mehr leichtfertig, sondern, um sich zu wehren.

Wenn du nicht möchtest, dass dein Hund zubeißt, solltest du ihn nicht dazu animieren. Hektische Bewegungen lösen bei Hunden den Reflex aus, danach zu schnappen. Deshalb solltest du dich ruhig bewegen, wenn du mit ihm interagierst.

Einige Welpen kauen sehr gerne an Gegenständen oder Möbeln. Du musst ihm den Unterschied zwischen deinen Möbeln, an denen er nicht nagen darf, und seinem Spielzeug beibringen. Nutze deshalb niemals etwas, das er nicht zernagen soll als Spielzeug. Wenn er einmal mit einem Handtuch spielen durfte, wird er nicht verstehen, weshalb er es danach nicht mehr darf. Deshalb musst du klare Grenzen setzen, womit er spielen darf. Wenn er an Möbeln nagt, nutze dein Signalwort und mache ihm klar, dass er das zu unterlassen hat. Dann kannst du ihm eins seiner Kauspielzeuge hinlegen, damit er sich stattdessen damit beschäftigt. Wie alle Erziehungsmaßnahmen braucht es Geduld, bis dein Hund gelernt hat, was er darf und was nicht. Aber dieses Training ist wichtig, damit dein Hund später mit anderen Menschen und Hunden umgehen kann, ohne sie zu verletzen. Besonders, wenn Kinder im Haushalt leben, musst du deinem Welpen beibringen, dass er sich benehmen muss. Überlege dir genau, wie dein Hund mit deinen Kindern umgehen darf und trainiere ihn dementsprechend.

Pflege

Dein Hund möchte nicht nur beschäftigt, sondern auch gepflegt werden. Doch vielen zukünftigen Hundehaltern ist anfangs noch sehr unklar, was mit Hundepflege alles gemeint ist. Deshalb gehen wir das in diesem Kapitel an.

Wie viel Pflege dein Hund braucht, ist bei jeder Rasse unterschiedlich. Bei Hunden mit langen Haaren muss dafür mehr Zeit eingeplant werden als bei Kurzhaarrassen. Einen Unterschied macht es natürlich auch, wie viel sich dein Hund draußen bewegt. Wenn er sehr viel Zeit im Garten verbringt, wird er schneller schmutzig, als wenn er den ganzen Tag in der Wohnung sitzt und nur für ein paar Stunden mit dir in den Park geht.

Wo beginnt die Pflege deines Hundes?

Viele Menschen denken dabei daran, dass sie das Fell ihres Hundes bürsten und ihm die Pfoten abwischen müssen. Doch die richtige Pflege beginnt bereits viel früher. Dein Hund muss gut erzogen und versorgt werden. Wenn er regelmäßig nach draußen kommt, Kontakte zu anderen Hunden knüpfen kann und genug Futter bekommt, ist er zufriedener und wird selten krank. Dies ist die erste Stufe der richtigen Hundepflege. Auch die Hundeerziehung zählt dazu. Wenn er auf dich hört und dich respektiert, wirst du es deutlich einfacher haben. Dazu gehört es selbstverständlich auch, dass dein Hund stubenrein ist.

Fellpflege

Das Fell deines Hundes muss immer sauber gehalten werden. Das ist besonders wichtig, wenn er lange Haare hat. In dem Fall musst du deinen Hund täglich kämmen. Bei anderen Hunderassen musst du das nicht täglich machen, aber in regelmäßigen Abständen. Andernfalls kann sich die Haut des Hundes entzünden, da sich in dem Fall Schmutz und Parasiten in dem Fell des Hundes ansiedeln können. Bei dieser Gelegenheit kannst du auch darauf achten, ob das Fell sauber, trocken und frei von Schuppen ist. Alles andere könnte auf eine Krankheit hindeuten.

Bei Kurzhaarrassen reicht es, wenn sie einmal die Woche gekämmt werden. Wenn er sein Fell wechselt, kann dies etwas öfter gemacht werden, um abgestorbene Haare aus dem Fell zu entfernen.

Achte beim Kämmen darauf, dass du die Haut deines Hundes nicht verletzt. Für das Kämmen eignet sich daher eine Kunststoffbürste besser als eine mit Metallborsten.

Wenn du einen langhaarigen Hund kämmst, solltest du vorher die Knoten aus dem Fell mit der Hand oder einem Kamm entfernen. Sonst tut ihm das Bürsten weh.

Wenn du deinen Hund nicht täglich kämmst, musst du ihn dennoch jeden Tag auf Zecken untersuchen. Denn er rennt bei Spaziergängen sicherlich gerne durch Büsche, Sträucher und langes Gras. Das sind genau die Plätze, an denen sie sich schnell Zecken einfangen können. Sie wären absolut ungefährlich, wenn sie nicht so gut Krankheiten übertragen würden. Deshalb muss eine Zecke sofort entfernt werden. Um deinen Hund noch besser zu schützen, kannst du auch ihm auch ein Zeckenhalsband kaufen.

Baden musst du deinen Hund nicht. Es bringt nichts und er fühlt sich dabei unwohl. Im Gegenteil ist es sogar eher schädlich und sollte möglichst nur gemacht werden, wenn ein Tierarzt es verordnet oder der Hund stark riecht. Beim Baden wird die natürliche Fettschicht auf der Haut des Hundes entfernt, die ihn vor Umwelteinflüssen schützt. Dadurch kann er schneller krank werden. Gerade im Winter sollte unbedingt darauf verzichtet werden, den Hund zu baden. Meistens reicht es, ein Trockenshampoo zu verwenden, doch wenn der Hund stark riecht, kann ausnahmsweise ein Bad genommen werden. Das sollte höchstens zwei- oder dreimal im Jahr stattfinden.

Pfotenpflege

Im Sommer reicht es, die Pfoten deines Hundes regelmäßig zu kontrollieren. Wenn sie trocken und unverletzt sind, besteht kein Grund zur Sorge. Solltest du einen kleinen Splitter entdecken, kannst du ihn eventuell auch selbst entfernen. Danach sollte die Pfote vor Spaziergängen mit einem Verband umwickelt werden, damit keine Keime durch die Verletzung eindringen können. Bei größeren Verletzungen solltest du natürlich den Tierarzt aufsuchen.

Wenn du beobachtest, dass dein Hund sich seine Pfoten sehr oft leckt oder leicht darauf herumkaut, ist er dort höchstwahrscheinlich verletzt.

Im Winter müssen die Pfoten jedoch gut gepflegt werden. Der kalte und teilweise eisige Boden schadet den Hundepfoten und lässt sie rissig werden. Auch das Streusalz ist sehr schädlich für Hunde. Deshalb müssen die Pfoten im Winter gut eingecremt und nach dem Spaziergang gründlich abgewischt werden. Es bietet sich auch an, dem Hund für den Winter Schuhe zu besorgen.

Da sich in der Haustierhaltung die Krallen oft nicht so gut abnutzen wie in der Natur, müssen sie Krallen hin und wieder geschnitten werden. Schließlich sollen sie nicht zu lang werden. Dabei musst du sehr vorsichtig vorgehen, denn die Krallen sind teilweise durchblutet. Bei hellen Krallen ist diese Stelle gut zu erkennen. Daran muss immer vorbei geschnitten werden. Bei dunklen Krallen ist die durchblutete Stelle in der Regel nicht zu erkennen. Da muss nach Gefühl geschnitten werden. Wenn du das noch nie vorher gemacht hast, solltest du es dir von einem Profi zeigen lassen, bis du ein

Gefühl dafür entwickelt hast, wo du die Kralle abschneiden kannst, ohne deinen Hund zu verletzen.

Wenn du die Krallen von deinem Hund auf hartem Boden klackern hörst, weißt du, dass es Zeit ist, sie zu schneiden. Vorher sollte er unbedingt an die Schere gewöhnt werden und beigebracht bekommen, die Pfote still zu halten, damit es nicht zu Unfällen beim Schneiden kommt.

Ohrenpflege

Die Ohren sollten etwa einmal die Woche untersucht werden. Bei einem gesunden Hund sind sie sauber und nicht entzündet. In der Regel müssen die Hundeohren nicht gereinigt werden, da dies von selbst funktionieren sollte. Doch bei manchen Hunden funktioniert dieser Selbstreinigungsprozess nicht mehr so gut. Besonders häufig ist das bei Hunden der Fall, die am Außenohr sehr behaart sind. Manchmal haben auch Hunde mit Schlappohren Probleme. Deshalb müssen sie regelmäßig kontrolliert werden. Wenn die Ohren sauber sind, müssen sie nicht zusätzlich gereinigt werden. Sollten sich jedoch Ablagerungen von Ohrenschmalz bilden, muss dies entfernt werden. Ansonsten lockt der Ohrenschmalz Ohrenmilben an und kann Entzündungen verursachen. Die Säuberung des Ohrs kann einmal in der Woche oder einmal im Monat durchgeführt werden.

Für die Reinigung des Ohres eignet sich ein feuchtes Baumwolltuch. Dabei musst du gut aufpassen, da das Ohr ein empfindliches Organ ist. Es ist nicht nur zum Hören wichtig, sondern stabilisiert auch das Gleichgewicht des Hundes. Kaltes Wasser solltest du daher vermeiden. Der Hund wird sich möglicherweise wehren, deshalb solltest du hier sehr vorsichtig sein und beruhigend auf ihn einreden. Es gibt spezielle Ohrreinigungsmittel, die ins Ohr geträufelt werden und dort die Verstopfungen lösen. Anschließend muss der Hund sich schütteln, um den Dreck herauszuschleudern.

Auf keinen Fall dürfen Wattestäbchen verwendet werden. Damit kann der Halter großen Schaden am Trommelfell anrichten. Der Dreck wird dadurch nicht rausgeholt, sondern weiter reingeschoben.

Zahnpflege

Für die normale Zahnpflege bei Hunden ist es wichtig, sie mit gutem Futter und ausreichend Wasser zu versorgen. Zusätzlich gibt es Kauartikel und Futter, das Zahnstein vorbeugt. Trockenfutter und frisches Muskelfleisch haben den positiven Effekt, dass der Hund darauf herumkauen muss. Dabei reinigt er seine Zähne von Plaque, der ansonsten zu Zahnstein führen würde. Deshalb sind Rinderknochen oder andere Kauartikel ein beliebtes Spielzeug für Hunde.

Bei einigen Hunden ist es nötig, die Zähne zu putzen. Deshalb solltest du das Gebiss deines Hundes regelmäßig überprüfen. Wenn die Zähne sich gelblich färben oder dein Hund sehr unangenehmen Mundgeruch hat, ist es nötig, die Zähne zu pflegen. Daran sollte der Hund langsam gewöhnt werden. Das Zähneputzen kann wie ein Trick eingeübt werden. Bei jedem Fortschritt musst du ihn loben, damit er Freude daran hat. Wenn der Hund nicht im Welpenalter daran gewöhnt wird, ist es schwierig, ihm das Zähneputzen später beizubringen. Manche Hunde lassen sich einen Fingerling eher gefallen. Dies ist ein Silikonfinger, den du über deinen eigenen streifen und die Zähne deines Hundes reinigen kannst.

Wichtig ist, dass du und ein Tierarzt regelmäßig das Gebiss deines Hundes überprüfen.

Auf Futter, das Zucker, viele Kalorien oder andere Zusätze enthält, sollte verzichtet werden. Dadurch wird Karies begünstigt und es schadet den Hundezähnen schnell.

Augenpflege

Die Augen sollten immer klar und glänzend aussehen und nicht zusammengekniffen sein. Wenn sie tränen, verkrustet oder verletzt sind, solltest du etwas unternehmen.

Bei kleinen Hunden ist es oft gut, die Augenränder mit einem feuchten Tuch abzuwischen, wenn ihr nach einem Spaziergang nach Hause kommt. Das liegt daran, dass der Hunde beim Rennen viel Staub aufwirbelt und wenn er sehr klein ist, kommt dieser Staub oft in die Augen. Die Augen müssen nur gepflegt werden, wenn sie tränen. Dafür kann ein Tuch verwendet werden, dass mit lauwarmem Wasser angefeuchtet wurde.

Wenn ein Auge verkrustet ist, sollte diese Verkrustung vorher etwas eingeweicht werden, damit es den Hund nicht schmerzt, wenn sie entfernt wird. Für das andere Auge muss dann ein anderes Tuch verwendet werden, damit die Entzündung nicht auf das andere Auge übertragen wird.

Leidet dein Hund unter trockenen Augen, kannst du das daran erkennen, dass sie rot unterlaufen sind und dein Hund sich häufig mit dem Kopf am Teppich reibt. Wenn du das bemerkst, solltest du Zugluft sofort einstellen und auch trockene Luft unbedingt vermeiden. Augentropfen oder Augensalben können dem Hund Erleichterung verschaffen.

Krankheiten

Natürlich wünschst du dir viel Zeit mit deinem Hund und die möchtest du so unbeschwert und entspannt wie möglich verbringen. Deshalb soll dein Hund möglichst nicht krank werden, denn ansonsten müsstet ihr beide viel Zeit und Geld beim Tierarzt lassen und immer wieder durch nervenaufreibende Behandlungen durch.

Die beste Methode, um deinem Hund ein gesundes Leben zu schenken, ist eine gute Haltung. Das bedeutet, er braucht hochwertiges Futter, das artgerecht ist, er muss viel Bewegung bekommen, viel Wasser bekommen und sollte möglichst wenig Stress ausgesetzt sein. Wie dein Hund seinen Tag verbringt, hat einen großen Einfluss darauf, ob er gesund bleibt.

Dennoch kann es natürlich sein, dass dein Hund krank wird. Das muss nicht immer heißen, dass du als Halter einen Fehler gemacht hast. Wichtig ist nur, dass du Krankheiten rechtzeitig erkennst.

Woran erkenne ich, dass mein Hund krank ist?

Es gibt viele verschiedene Krankheiten mit unterschiedlichen Symptomen. Der erste wichtige Schritt ist jedoch nicht, die Krankheit zu ermitteln, sondern festzustellen, dass es deinem Hund nicht gut geht. Dafür gibt es einige Anzeichen, die dich stutzig machen sollten. Dazu zählen:

- Verweigerung des Futters
- Ungewöhnlich viel Aufnahme von Wasser
- Kratzen
- Apathie, keine Lust auf Bewegung
- Humpeln
- Durchfall
- Erbrechen
- Das Fell sieht stumpf oder struppig aus, es sind besonders viele Schuppen vorhanden oder das Fell fällt aus
- Fieber

Veränderungen im Fressverhalten sind normal. Schließlich kommt es auch bei uns Menschen vor, dass wir mal mehr und mal weniger essen. Genauso ist es bei den Hunden. Dennoch kann es ein Anzeichen einer Krankheit sein und sollte deshalb aufmerksam beobachtet werden. Schreibe es dir deshalb auf, wenn dein Hund sich ungewöhnlich verhält. Dadurch kannst du dem Tierarzt später genau mitteilen, wie sich die Krankheit entwickelt hat.

Die Normaltemperatur liegt bei Hunden zwischen 37,5 und 39°C. Bei Welpen gelten 39,5°C noch als normal. Erst ab 40°C hat dein Hund Fieber. Um die Temperatur deines Hundes zu messen, gibt es Hundethermometer.

Bei Fieber und anderen deutlichen Krankheitsanzeichen muss sofort ein Tierarzt aufgesucht werden.

Die häufigsten Hundekrankheiten

Um vorbereitet zu sein, ist es hilfreich, wenn du über die häufigsten Krankheiten von Hunden Bescheid weißt. Dadurch kannst du Symptome deines Hundes schneller einordnen und beim Tierarzt kann schneller eine Diagnose gemacht werden.

Allergien

Die häufigste Hundekrankheit ist eine Allergie. Genauso wie wir Menschen haben auch Hunde dieses Problem. Erkennen kannst du es daran, dass dein Hund sich sehr viel kratzt oder oft seine Pfoten ableckt. Manchmal entwickelt sich durch allergische Reaktionen auch eine Ohrentzündung. Das erkennst du daran, dass dein Hund sich viel schüttelt und das Ohr unangenehm riecht. Wenn du deinen Hund nicht mehr am Ohr anfassen darfst, dann weißt du, dass etwas nicht stimmt. Meistens handelt es sich um eine Floh-, Umwelt- oder Futtermittelallergie.

Ob es sich allerdings wirklich um eine Allergie handelt, kann nur der Tierarzt feststellen. Deshalb ist der Besuch dort in solch einem Fall unverzichtbar.

Ohrenentzündung

Ohrenentzündungen treten bei Hunden häufig auf. Besonders Hunde mit großen Schlappohren sind sehr anfällig dafür, wenn die Ohren nicht regelmäßig kontrolliert und eventuell vom Halter gereinigt werden.

Wenn der Hund sich viel schüttelt, am Ohr kratzt und du es nicht mehr anfassen darfst, liegt höchstwahrscheinlich eine Ohrenentzündung vor. Sie macht sich auch durch üblen Geruch aus dem Ohr bemerkbar.

Solltest du diese Anzeichen bei deinem Hund wahrnehmen, musst du unbedingt einen Tierarzt aufsuchen. Dies ist keine Krankheit, die du selbst nicht behandeln kannst, da das Ohr deines Hundes ein sehr empfindliches Organ ist.

Flöhe

Wenn dein Hund sich Flöhe eingefangen hat, zeigt er ähnliche Anzeichen wie bei einer Allergie. Er kratzt sich sehr viel. Außerdem können sich durch die Flohbisse Rötungen und Pusteln auf der Haut entwickeln. Stumpfes Fell und Haarausfall können auch ein Anzeichen für Flöhe sein. In diesem Fall kannst du mit einem Flohkamm durch das Fell deines Hundes gehen. Wenn du die Kügelchen, die du herausgekämmt hast, auf ein feuchtes Tuch gibst und dieses zusammendrückst, kannst du erkennen, ob sich das Tuch um die Kügelchen rot-braun verfärbt. Wenn das der Fall ist, könnte es sich um Flohkot handeln.

Flöhe können sich schnell zu einer Plage entwickeln, deshalb muss sofort gehandelt werden. Der Tierarzt sollte hier ebenfalls nicht umgangen werden, da er nur er das richtige Mittel für die Bekämpfung von Flöhen verschreiben kann und viele hilfreiche Tipps parat hat.

Es sollten unbedingt alle Hunde im Haushalt behandelt werden. Außerdem müssen die Umgebung des Hundes und alle Sachen, mit denen er in Berührung gekommen ist, gründlich gereinigt werden, da die Floheier übertragen werden.

Zecken

Du musst deinen Hund nach jedem Spaziergang auf Zecken untersuchen, da Hunde davon schnell befallen sind und sie Krankheiten übertragen. Außerdem können die kleinen Biester von dem Hund auf den Menschen überspringen. Direkt nach dem Spaziergang kann es sein, dass sich die Zecke noch im Fell des Hundes befindet und darin herumklettert. Dieser Fall wäre optimal, da sie leicht zu erkennen ist und noch nicht zugebissen hat. Wenn im Fell keine Zecke zu sehen ist, kannst du mit den Fingern durch das Fell streifen und die Haut abtasten. Die Ohren, Augen, Schenkel und Hautfalten sollten besonders gründlich untersucht werden. Anschließend kannst du deinen Hund mit einem weißen Handtuch abreiben, um sicherzugehen, dass du keine Zecke übersehen hast, die in dem Fell deines Hundes krabbelt.

Wenn du eine Zecke gefunden hast, muss sie sofort entfernt werden. Dafür eignet sich eine Pinzette oder Zeckenkarte. Du musst die Zecke so nah wie möglich an der Haut greifen und dann herausziehen. Dabei darfst du sie nicht zerquetschen, da sonst die Körpersäfte der Zecke in den Hund gespritzt werden. Manchmal braucht das Herausziehen etwas Geduld. Behalte deinen Druck bei und steigere ihn langsam bis die Zecke sich gelöst hat. Drehe die Pinzette nicht beim Herausziehen. Das könnte die Zecke beschädigen und somit dem Hund schaden. Anschließend musst du überprüfen, ob du wirklich die gesamte Zecke herausgeholt hast oder ob der Stechrüssel steckengeblieben ist. Wenn alles entfernt wurde, muss die Stelle desinfiziert werden.

Nachdem die Zecke entfernt wurde, darfst du sie niemals mit der Hand anfassen.

Um einen Zeckenbiss zu vermeiden, kannst du deinen Hund mit einem speziellen Halsband ausstatten oder mit einem Zeckenspray einsprühen. Dabei solltest du darauf achten, dass dein Hund gegen die Zeckenmittel allergisch sein könnte.

Würmer

Eine häufige Erkrankung bei Hunden sind Würmer. Es gibt verschiedene Arten, die alle unterschiedliche Auswirkungen haben. Tödlich sind sie nur in seltenen Fällen. Einige können nur sehr schwer von außen erkannt werden. Deshalb ist die regelmäßige Blutuntersuchung sehr wichtig. Anzeichen für einen Befall von Würmern kann eine starke Gewichtsabnahme, stumpfes Fell, Kratzen des Hundes im Analbereich, Durchfall, Erbrechen, Verstopfungen, ungewöhnlich viel Schlaf und Blut im Kot sein.

Bei dem Verdacht auf einen Befall sollte sofort ein Tierarzt aufgesucht werden. Nur dort kann festgestellt werden, welche Parasiten sich in deinem Hund eingenistet haben und wie sie wieder entfernt werden können.

Um einem Wurmbefall vorzubeugen, kann darauf geachtet werden, dass der Hund nicht den Kot anderer Hunde isst oder abschleckt. Dies ist die häufigste Art, wie sich Hunde mit Würmern infizieren. Auch beim Jagen oder Aasfressen kann sich dein Hund anstecken. Deshalb sollte das unbedingt verhindert werden.

Diabetes

Leider hat es Diabetes auch unter die häufigsten Krankheiten geschafft. Bei dieser Erkrankung fehlt dem Hund ein Insulin, das den Blutzuckerspiegel senkt. Meistens entwickelt sie sich bei älteren Hunden. Erkennen kannst du diese Krankheit daran, dass dein Hund übermäßig viel trinkt und besonders oft urinieren muss. Ein weiteres Anzeichen ist, dass er viel Nahrung zu sich nimmt und trotzdem abnimmt.

Festgestellt und behandelt werden kann Diabetes nur von einem Tierarzt. Einem erkrankten Tier muss täglich Insulin gespritzt werden.

Hüftgelenksdysplasie

Dies ist eine Fehlentwicklung des Hüftgelenks. Später kann sich daraus eine Arthrose entwickeln. Anzeichen dafür zeigt der Hund, indem er sich wenig bewegt, während den Spaziergängen immer wieder Pausen einlegt oder sich beim Laufen etwas seitwärts bewegt.

Der Hund muss beim Tierarzt geröntgt werden, um diese Krankheit festzustellen. Geheilt werden kann sie leider nicht. Stattdessen werden schmerzstillende Medikamente eingesetzt und bestimmte Bewegungen vermieden.

Augenerkrankungen

Die häufigste Erkrankung der Augen ist der graue Star. Dabei trübt sich die Linse und das Auge erscheint grau. Dadurch sieht der Hund schlechter und kann sogar komplett erblinden. Das muss von einem Tierarzt in einer Operation entfernt werden.

Auch Augenentzündungen kommen bei Hunden häufig vor. Erkennen kannst du sie daran, dass die Augen gerötet sind und dein Hund sie oft reibt. Getrübte Augen oder Eiter am Auge sind weitere Anzeichen für eine Erkrankung. Mit Augentropfen können Entzündungen gut behandelt werden. Der Tierarzt sollte sie allerdings vorher diagnostizieren und ein gutes Mittel dafür verschreiben. Es könnte sich auch um einen Pilz oder eine Allergie handeln. Sollte sich eine Zecke am Auge eingenistet haben, muss sie vom Tierarzt entfernt werden, da du das allein vermutlich nicht schaffen würdest. Das Auge ist sehr empfindlich und sollte deshalb mit sehr viel Vorsicht behandelt werden.

Tumor

Diese Erkrankung taucht besonders häufig bei älteren Hunden auf. Erkennen kannst du sie, indem du deinen Hund auf Schwellungen und Knubbel auf der Haut abtastest. Es kann ein gutartiger oder ein bösartiger Tumor sein. Es ist für den Halter kaum möglich, das zu unterscheiden. Da hilft nur ein Besuch beim Tierarzt. Anhand einer Gewebeprobe wird dort bestimmt, ob dein Hund Krebs hat. Wenn sich der Knubbel als gutartiger Tumor herausstellt, muss er nicht zwangsläufig entfernt werden. Manchmal ist eine Operation für einen alten Hund zu riskant. Handelt es sich um einen bösartigen Tumor, gibt es oft die Möglichkeit einer Operation. Manche Kliniken bieten auch eine Strahlen- und Chemotherapie an. Anders als beim Menschen, wird die Krankheit dabei nicht bekämpft, sondern nur die Lebensqualität des Hundes erhöht, und erhält deshalb weniger Medikamente. Dadurch hat er auch nicht mit den typischen Nebenwirkungen einer Chemotherapie zu kämpfen.

Impfungen

Impfungen sind ein umstrittenes Thema, nicht nur in der Hundehaltung. Doch von vielen Ärzten wird dazu geraten, da sie den Körper auf bestimmte Krankheiten vorbereiten können. Die Viren werden ihm in abgeschwächter Form zugeführt, damit er Abwehrkräfte dagegen entwickeln kann. Wenn er sich nun tatsächlich mit der Krankheit infiziert, ist der Körper darauf vorbereitet und kann sich besser wehren. Bei einer anderen Art der Impfung werden direkt die Abwehrkräfte in den Körper gespritzt: Diese Impfung muss öfter aufgefrischt werden. Keine Impfung kann einen definitiven Schutz bieten, allerdings wird das Risiko, zu erkranken, deutlich gesenkt. Da der Hund dich mit vielen Krankheiten anstecken kann, ist es sehr ratsam, ihn zu impfen. Zusätzlich kann dein Hund durch seine Impfung auch andere schützen. Es gibt eine Art Gruppenschutz, der einsetzt, wenn deutlich mehr als die Hälfte der Hunde geimpft sind. In diesem Fall kann sich die Krankheit nicht verbreiten und schützt somit auch nicht geimpfte Hunde.

Einige Menschen, Züchter und auch Ärzte sind allerdings der Meinung, dass die Impfstoffe dem Körper schaden. Tiere, die nicht geimpft sind, sollen einen gesünderen Körper haben als Tiere, die geimpft sind. Auch Allergien treten bei ungeimpften Tieren wohl deutlich seltener auf.

Ein weiterer Grund, den Impfgegner aufzuführen, sind die Nebenwirkungen und Impfschäden. Leichte Schmerzen, Rötungen und Schwellungen an der geimpften Stelle sind normal und nicht weiter schlimm. Allerdings kann es auch zu Durchfall, Erbrechen oder Juckreiz kommen.

Da Impfungen keine Pflicht sind, kann sich jeder Hundehalter zu diesem Thema seine eigene Meinung bilden. Als Entscheidungshilfe bietet es sich an, beide Meinungen anzusehen und sich Ratschläge von einem Tierarzt des Vertrauens zu holen.

Welche Impfungen machen Sinn?

Bei den Impfungen wird in Core-Komponenten und Non-Core-Komponenten unterschieden. Zu der ersten Kategorie zählen Impfungen, die sehr ratsam sind, weil die Krankheiten tödlich sein und auch den Menschen befallen können.

Dazu zählen:

- Staupe
- Hepatitis contagiosa canis

- Parvovirose
- Leptospirose
- Tollwut

Non-Core-Impfungen sind nur unter bestimmten Umständen notwendig. Diese Krankheiten können auch gefährlich werden, treten aber nur in bestimmten Regionen auf. Geimpft werden sollte der Hund nur, wenn du mit deinem Hund in dieser Region Urlaub machst oder dort wohnst.

Dazu zählen:

- Bordetella bronchiseptica und Canines Parainfluenzavirus
- Canines Herpesvirus
- Dermatophytosen
- Leishmaniose
- Lyme-Borreliose

Gegen welche Krankheiten dein Hund speziell geimpft werden sollte, kann dein Tierarzt dir am besten sagen. Frage ihn auch frühzeitig um Rat, wenn du eine Reise planst. Manche Impfungen müssen vor Reiseantritt mehrmals wiederholt werden. Tollwut ist in diesem Fall besonders wichtig. Selbst bei kleinen Reisen innerhalb Europas muss ein Impfschutz gegen Tollwut vorliegen.

Einige Impfungen sollten schon ab der 8. Woche das erste Mal verabreicht werden. Wenn du einen Welpen adoptierst, solltest du dich deshalb beim Züchter informieren, ob bereits Impfungen getätigt wurden. Diese müssen dann in regelmäßigen Abständen erneuert werden. Spätestens ab der 12. Woche sollte definitiv mit den ersten Impfungen gestartet werden.

Selbstverständlich muss der Hund vor der ersten Impfung gesund sein. Falls bei früheren Impfungen Probleme aufgetreten sind, sollte der Tierarzt davon erfahren. Es lohnt sich also, dies von dem Züchter zu erfragen.

Die meisten Hunde vertragen Impfungen problemlos. Sollten allerdings Nebenwirkungen auftreten und nach zwei Tagen nicht abgeklungen sein, muss der Tierarzt informiert werden.

Titertest

Für jede Krankheit kann ein Test durchgeführt werden, um herauszufinden, ob dein Hund optimal dagegen geschützt ist. Dabei werden die Antikörper im Blut gemessen. Daraufhin wird analysiert, ob sie den Hund ausreichend schützen können. Dieser Test kostet einiges, kann aber auch eine gute Aussage darüber treffen, ob dein Hund eine tödliche Krankheit abwehren kann.

Diese Tests eignen sich nicht für alle Krankheiten. Lass dich deshalb von deinem Tierarzt beraten, wann sich ein Test lohnt und wann nicht.

Erste-Hilfe Maßnahmen

Bei einem Hund können sehr plötzlich lebensrettende Maßnahmen nötig sein. Er könnte zum Beispiel eine giftige Pflanze gegessen haben, an etwas ersticken und einen Herz- oder Atemstillstand haben. Es gibt noch sehr viel mehr Möglichkeiten und in vielen Fällen kann der Hund gerettet werden, wenn der Halter Kenntnisse über die wichtigsten Erste-Hilfe Maßnahmen hat.

Ein Herzstillstand kann durch einen Hitzschlag, einen Unfall oder auch nach starken Blutungen auftreten. Die wichtigsten Maßnahmen sind in diesem Fall, dass der Hund angeleint wird, damit er nicht im Schock wegrennen kann. Auch ein Maulkorb ist in diesem Fall ratsam. Durch die Panik könnte er wild um sich beißen. Gleichzeitig solltest du ruhig auf deinen Hund einreden und ihn in die stabile Seitenlage bringen. Dabei muss der Hund flach auf der Seite liegen. Der Mund soll der tiefste Punkt des Körpers sein, damit Blut oder Erbrochenes ablaufen kann und der Hund nicht daran erstickt. Aus diesem Grund sollte der Mund geöffnet sein und die Zunge raushängen. Es muss darauf geachtet werden, dass der Hund immer auf der unverletzten Seite liegt. Der Kopf und die Wirbelsäule müssen eine gerade Linie bilden und die Vorder- und Hinterpfoten sollten etwas Abstand zueinander haben.

Wenn der Hund in einem Schockzustand ist, sollte unter den hinteren Kopfbereich ein Kissen geschoben werden, damit dieser Teil etwas höher gelagert ist.

Es sollte immer überprüft werden, ob etwas im Rachen des Hundes steckt, was die Atemwege versperrt. Sollte sich dort ein Fremdkörper befinden, muss dieser sofort entfernt werden. Leidet der Hund an starken Blutungen, muss ihm ein Druckverband angelegt werden. Wenn die Atemwege frei sind, der Hund bewusstlos ist, keine Atmung oder ein Puls zu spüren ist und der Hund in keiner Weise auf laute Geräusche reagiert, muss sofort mit der Wiederbelebung begonnen werden. Optimal ist es, wenn zwei Personen dabei sind. In dem Fall kann die eine Person eine Herzmassage durchführen, während die andere eine Mund-zu-Nase Beatmung macht. Ist nur eine Person im Raum, muss sie abwechselnd beides machen. Der Hund muss bei der Beatmung zugehalten werden, da die Luft dort sonst wieder entweichen kann. Du musst bei der Beatmung deinen Mund direkt über die Nase des Hundes legen und Luft reinpusten. Wenn sich der Brustkorb hebt, kommt die Luft in den Lungen an.

Die Herzdruckmassage darf nur durchgeführt werden, wenn der Hund definitiv nicht mehr atmet und das Herz nicht mehr arbeitet. Selbstverständlich darf sie niemals an einem gesunden Hund geübt werden. Bei Welpen reichen zwei Finger für die Herzdruckmassage, bei kleinen Hunden eine Hand und bei großen Hunden werden, wie bei Menschen, beide Hände benutzt. Das Herz befindet sich unter dem linken Ellenbogen des Hundes, wenn dieser angewinkelt ist. Dort wird nun die Herzdruckmassage ausgeübt. Der Druck auf das Herz sollte im Sekundentakt erfolgen. Wenn eine Person die Herzdruckmassage und die Beatmung durchführt, sollte nach drei Stößen eine Beatmung erfolgen.

Gleichzeitig sollte bereits der Tierarzt informiert und eventuell um Rat gebeten werden.

Wer seinem Hund in solch einer Situation wirklich helfen können möchte, sollte einen Erste-Hilfe-Kurs belegen. Dort können die wichtigsten Maßnahmen geübt werden, damit du gut vorbereitet bist, wenn du plötzlich in einer Situation bist, in der du schnell handeln musst. Leider sind die Maßnahmen, die am Menschen vorgenommen werden müssen, nicht komplett übertragbar auf den Hund. Deshalb lohnt es sich, hierfür einen speziellen Kurs zu besuchen. Da es bei den Erste-Hilfe Maßnahmen auch Veränderungen gibt mit der Zeit, sollte ein Erste-Hilfe-Kurs regelmäßig erneut besucht werden. Nur so kannst du sicher gehen, dass du richtig handeln wirst. Vielleicht kannst du dadurch deinem Hund das Leben retten.

Impressum

© / Copyright 2019
Dennis Krause

Kontakt
D.K.Publishing
Dennis Krause
Am Graben 6
41515 Grevenbroich

Eine Bitte an den Leser

Rezensionen sind für uns Autoren ein sehr wichtiger Bestandteil unserer Arbeit. Kaufentscheidungen von Kunden hängen meistens von Rezensionen ab.

Daher würde ich mich sehr freuen, wenn du eine kurze Rezension auf Amazon zu diesem Buch verfassen würdest.

Feedback hilft mir, mich stetig zu verbessern und weiter zu entwickeln.

Vielen Dank für deinen Support

Haftungsausschluss

Die Umsetzung aller enthaltenen Informationen, Anleitungen und Strategien dieses E-Books erfolgt auf eigenes Risiko. Für etwaige Schäden jeglicher Art kann der Autor aus keinem Rechtsgrund eine Haftung übernehmen. Für Schäden materieller oder ideeller Art, die durch die Nutzung oder Nichtnutzung der Informationen bzw. durch die Nutzung fehlerhafter und/oder unvollständiger Informationen verursacht wurden, sind Haftungsansprüche gegen den Autor grundsätzlich ausgeschlossen. Ausgeschlossen sind daher auch jegliche Rechts- und Schadensersatzansprüche. Dieses Werk wurde mit größter Sorgfalt nach bestem Wissen und Gewissen erarbeitet und niedergeschrieben. Für die Aktualität, Vollständigkeit und Qualität der Informationen übernimmt der Autor jedoch keinerlei Gewähr. Auch können Druckfehler und Falschinformationen nicht vollständig ausgeschlossen werden. Für fehlerhafte Angaben vom Autor kann keine juristische Verantwortung sowie Haftung in irgendeiner Form übernommen werden.

Urheberrecht

Alle Inhalte dieses Werkes sowie Informationen, Strategien und Tipps sind urheberrechtlich geschützt. Alle Rechte sind vorbehalten. Jeglicher Nachdruck oder jegliche Reproduktion – auch nur auszugsweise – in irgendeiner Form wie Fotokopie oder ähnlichen Verfahren, Einspeicherung, Verarbeitung, Vervielfältigung und Verbreitung mit Hilfe von elektronischen Systemen jeglicher Art (gesamt oder nur auszugsweise) ist ohne ausdrückliche schriftliche Genehmigung des Autors strengstens untersagt. Alle Übersetzungsrechte vorbehalten. Die Inhalte dürfen keinesfalls veröffentlicht werden. Bei Missachtung behält sich der Autor rechtliche Schritte vor.

Impressum

© Michael Terhardt

2020

1. Auflage

Alle Rechte vorbehalten

Nachdruck, auch in Auszügen, nicht gestattet

Kein Teil dieses Werkes darf ohne schriftliche Genehmigung des Autors in irgendeiner Form reproduziert, vervielfältigt oder verbreitet werden

Kontakt:

D.K.Publishing

Dennis Krause

Am Graben 6

41515 Grevenbroich

Printed in Germany
by Amazon Distribution
GmbH, Leipzig

18797150R00064